Lettres
de la vie littéraire
d'Arthur Rimbaud

Réunies et annotées
par Jean-Marie Carré

Gallimard

1

Lettres de la vie littéraire
d'Arthur Rimbaud

(1870-1875)

TABLE CHRONOLOGIQUE
DES LETTRES D'ARTHUR RIMBAUD

I

Le collégien (1870)

1. A Théodore de Banville, 24 mai 1870.
2. A G. Izambard, 25 août 1870.
3. A G. Izambard, 5 septembre 1870.
4. A P. Demeny (?), septembre 1870.
5. A L. Billuart, 8 octobre 1870.
6. A G. Izambard, 2 novembre 1870.
   [A G. Izambard, 12 novembre 1870, égarée.]

II

Le voyant (1871)

7. A P. Demeny, 17 avril 1871.
8. A G. Izambard, 13 mai 1871.
9. A P. Demeny, 15 mai 1871.
10. A P. Demeny, 10 juin 1871.
11. A Th. de Banville, 14 juillet 1871.
12. A G. Izambard, 15 juillet 1871.
13. A P. Demeny (?), août 1871.

III

Le malade (1872)

14. A E. Delahaye, juin 1872.

IV

Le maudit (1873-1875)

15. A E. Delahaye, mai 1873.
16. A P. Verlaine, 4 et 5 juillet 1873.
17. A P. Verlaine, 7 juillet 1873.
18. Au juge d'instruction de Bruxelles (déposition), 12 juillet 1873.
19. A E. Delahaye, février 1875.
20. A sa mère, 17 mars 1875.
21. A E. Delahaye, 14 octobre 1875.

I

1870

LE COLLÉGIEN

Chronologie des poésies et lettres écrites pendant l'année

Mars : *Sensation.* (Recopiée le 20 avril.)

Avril : *Le Forgeron. Soleil et chair*[1].

Mai : *Ophélie.*

(Lettre du 24 mai à Théodore de Banville.)

Juin : *Le bal des pendus. Sonnet (Aux morts de Valmy),* 18 juillet[2].

Juillet : *Châtiment de Tartuffe, Vénus Anadyomène* (27 juillet).

Août : *A la musique, Ce qui retient Nina* (15 août). *(Lettre du 25 août à Georges Izambard.)*

Septembre : *(Lettre du 5 septembre à Georges Izambard.)*

(Lettre à P. Demeny (?).)

Septembre : *Comédie en trois baisers. Les Effarés* (20 septembre), *Roman* (23 septembre).

Octobre : *Les poètes de Sept ans*[3], *Rêvé pour l'hiver* (7 octobre), *Rages de César, Au Cabaret Vert, Le dormeur du val, L'éclatante victoire de Sarrebrück, La maline, Le mal, Le buffet, Ma bohême, Les douaniers*[3].

(Lettre du 8 octobre à L. Billuart.)

Novembre : *(Lettre du 2 novembre à Georges Izambard.)*

(Lettre du 12 novembre à Georges Izambard, égarée.)

---

1. Rimbaud l'envoya à Banville datée du 29 avril et la communiqua à Georges Izambard le 18 juillet.

2. Dates fixées par G. Izambard. Les autres dates sont fournies par les manuscrits ou par des recoupements biographiques.

3. Ces poésies correspondent à la période des vagabondages (Charleville, Vallée de la Meuse, Belgique, Douai).

1. A THÉODORE DE BANVILLE[1]

Charleville (Ardennes),
le 24 mai 1870.

Cher maître,

Nous sommes aux mois d'amour ; j'ai *presque* dix-sept ans[2]. L'âge des espérances et des chimères, comme on dit — et voici que je me suis mis, enfant touché par le doigt de la muse — pardon si c'est banal — à dire mes bonnes croyances, mes espérances, mes sensations, toutes ces choses des poètes — moi j'appelle cela du printemps.

Que si je vous envoie quelques-uns de ces vers, — et cela en passant par Alph. Lemerre, le bon éditeur, — c'est que j'aime tous les poètes, tous les bons Parnassiens — puisque le poète est un Parnassien, — épris de la beauté idéale ; c'est que j'aime en vous, bien naïvement, un descendant de Ronsard, un frère de nos maîtres de 1830, un vrai romantique, un vrai poète, Voilà pourquoi, — c'est bête, n'est-ce pas, mais enfin ?...

1. Publiée pour la première fois dans les *Nouvelles Littéraires*, 10 octobre 1925.
2. Il n'en a pas seize. Le mot « presque » est barré sur le manuscrit.

Dans deux ans, dans un an peut-être, je serai à Paris — (Anch'io), messieurs du journal, je serai Parnassien. Je ne sais ce que j'ai là... qui veut monter... Je jure, Cher Maître, d'adorer toujours les deux déesses, Muse et Liberté.

Ne faites pas trop la moue en lisant ces vers[1] :

... vous me rendriez fou de joie et d'espérance, si vous vouliez, Cher Maître, *faire faire* à la pièce *Credo in unam* une petite place entre les Parnassiens. Je viendrais à la dernière série du Parnasse[2] : cela ferait le Credo des Poètes !... Ambition ! ô Folle !

ARTHUR RIMBAUD.

---

1. Cette lettre accompagnait les poésies : *Sensation*, datée du 20 avril 1870, et *Credo in unam*, c'est-à-dire : *Soleil et chair*, sous sa première forme, datée du 29 avril 1870, et suivie du post-scriptum suivant : « Si ces vers trouvaient place au Parnasse contemporain ? — Ne sont-ils pas la foi des poètes ? — Je ne suis pas connu ; qu'importe ? les poètes sont frères — Ces vers croient ; ils aiment ; ils espèrent : c'est tout. — Cher Maître, à moi : Levez-moi un peu : je suis jeune. Tendez-moi la main... »

2. La première série des livraisons du *Parnasse Contemporain* parut en 1866, la seconde, préparée dès 1869, mais retardée par la guerre, en 1871, la troisième en 1876. Il est inutile d'insister sur le caractère éphémère de ces tendances et admirations parnassiennes chez Rimbaud. Il épuisera le Parnasse aussi rapidement que le Romantisme et le Symbolisme. Mais pour le moment, il fait le rêve de tous les collégiens, il veut être publié, sortir de l'ombre provinciale. N'oublions pas qu'il réussit à faire paraître *Les Étrennes des Orphelins* en 1870 dans « La Revue pour tous ».

2. A GEORGES IZAMBARD[1]

[A DOUAI]

Charleville, 25 août 1870.

Monsieur,

Vous êtes heureux, vous, de ne plus habiter Charleville[2] !

Ma ville natale est supérieurement idiote entre les petites villes de province. Sur cela, voyez-vous, je n'ai plus d'illusions. Parce qu'elle est à côté de Méziéres — une ville qu'on ne trouve pas — parce qu'elle voit pérégriner dans ses rues deux ou trois cents pioupious, cette benoîte population gesticule, prud'hommesquement spadassine, bien autrement que les assiégés de Metz et de Strasbourg ! C'est effrayant, les épiciers retraités qui revêtent l'uniforme ! C'est épatant comme ça a du chien, les notaires, les vitriers, les

---

1. Communiquée par Georges Izambard à Ernest Raynaud et publiée pour la première fois dans la *Nouvelle Revue Française* (1er janvier 1912) par Paterne Berrichon. Reproduite par Georges Izambard dans sa plaquette : *Arthur Rimbaud. A Douai et à Charleville*, Simon Kra 1927, p. 36-40. (Adresse : Monsieur Georges Izambard, 29, rue de l'Abbaye des Prés, Douai, Nord.) (TRÈS PRESSÉ.)

2. M. Izambard, professeur de Rimbaud en Rhétorique au Collège de Charleville, était en vacances à Douai, depuis le 24 juillet.

15

percepteurs, les menuisiers et tous les ventres, qui, chassepot au cœur, font du patrouillotisme aux portes de Mézières ; ma patrie se lève !... Moi, j'aime mieux la voir assise ; ne remuez pas les bottes ! c'est mon principe.

Je suis dépaysé, malade, furieux, bête, renversé ; j'espérais des bains de soleil, des promenades infinies, du repos, des voyages, des aventures, des bohémienneries enfin ; j'espérais surtout des journaux, des livres... Rien ! Rien ! Le courrier n'envoie plus rien aux libraires ; Paris se moque de nous joliment ! pas un seul livre nouveau ! C'est la mort ! Me voilà réduit, en fait de journaux, à l'honorable « Courrier des Ardennes », propriétaire, gérant, directeur-rédacteur en chef et rédacteur unique : A. Pouillard ! Ce journal résume les aspirations, les vœux et les opinions de la population, ainsi jugez ! c'est du propre[1] ! On est exilé dans sa patrie.

Heureusement, j'ai votre chambre : — Vous vous rappelez la permission que vous m'avez donnée. — J'ai emporté la moitié de vos livres ! J'ai pris « Le Diable à Paris »[2]. Dites-moi un peu s'il y a jamais eu quelque chose de plus idiot que

1. Dix-huit ans plus tard, lorsqu'il sera établi au Harrar, Rimbaud se proposera d'écrire « des récits intéressants pour [le " Courrier des Ardennes " » ! (Cf. plus loin.)
2. Ou : *Paris et les Parisiens, mœurs et coutumes, caractères et portraits des habitués de Paris!* etc. Textes de G. Sand, Stahl, L. Gozlan, Nodier, etc.

les dessins de Granville ? — J'ai « Costal l'In-
dien »[1], j'ai « La Robe de Nessus »[2], deux
romans intéressants. Puis, que vous dire ?... J'ai
lu tous vos livres, tous ; il y a trois jours, je suis
descendu aux « Epreuves »[3], puis aux « Glaneuses »[4], — oui ! j'ai relu ce volume ! — puis ce
fut tout !... Plus rien ; votre bibliothèque, ma
dernière planche de salut, était épuisée !... Le
« Don Quichotte » m'apparut ; hier, j'ai passé,
deux heures durant, la revue des bois de Doré :
maintenant, je n'ai plus rien ! — Je vous envoie
des vers ; lisez cela un matin, au soleil, comme je
les ai faits : vous n'êtes plus professeur, maintenant, j'espère !...

(Ici partie déchirée)... vouloir connaître Louisa
Siefert, quand je **vous** ai prêté ses derniers vers ;
je viens de me procurer des parties de son
premier volume de poésies, les « Rayons perdus », 4e édition. J'ai là une pièce très émue et
fort belle : « Marguerite. »

. . . .

Moi, j'étais à l'écart, tenant sur mes genoux
Ma petite cousine aux grands yeux bleus si doux :
C'est une ravissante enfant que Marguerite

1. De Gabriel Ferry (Louis de Bellemare).
2. D'Amédée Achard.
3. De Sully-Prudhomme.
4. De Paul Demeny, jeune poète douaisien, ami de Georges
Izambard, qui devint aussi celui de Rimbaud. (Cf. plus loin.)

Avec ses cheveux blonds, sa bouche si petite
Et son teint transparent ....
Marguerite est trop jeune. Oh! si c'était ma fille,
Si j'avais une enfant, tête blonde et gentille,
Fragile créature en qui je revivrais,
Rose et candide avec de grands yeux indiscrets!
Des larmes sourdent presque au bord de ma
                                          [*paupière*
Quand je pense à l'enfant qui me rendrait si fière,
Et que je n'aurai pas, que je n'aurai jamais;
Car l'avenir, cruel en celui que j'aimais,
De cette enfant aussi veut que je désespère...
Jamais on ne dira de moi : c'est une mère!
Et jamais un enfant ne me dira : maman!
C'en est fini pour moi du céleste roman
Que toute jeune fille à mon âge imagine...
....
Ma vie, à dix-huit ans, compte tout un passé. »

— C'est aussi beau que les plaintes d'Antigone, ἀνύμφη[1], dans Sophocle[2]. — J'ai les « Fêtes Galantes » de Paul Verlaine, un joli in-12 écu.

---

1. Le féminin est : ἀνύμφος — l'adjectif employé par Sophocle est d'ailleurs : ἀνυμέναιος. (*Antigone*, v. 917.)

2. Excessif, un tel témoignage d'admiration est d'ailleurs rare chez Rimbaud. Mais il faut considérer la date : août 1870. Le lauréat des Concours académiques n'en est pas encore aux massacres littéraires de 1871. L'enfant sevré des caresses maternelles se sent attiré vers la femme que désespère l'idée de ne pas avoir d'enfant à chérir.

C'est fort bizarre, très drôle ; mais vraiment c'est adorable. Parfois de fortes licences : ainsi :

Et la tigresse épou|vantable d'Hyrcanie[1]

est un vers de ce volume. — Achetez, je vous le conseille, « La bonne Chanson », un petit volume de vers du même poète : ça vient de paraître chez Lemerre ; je ne l'ai pas lu : rien n'arrive ici ; mais plusieurs journaux en disent beaucoup de bien.

Au revoir, envoyez-moi une lettre de 25 pages — poste restante et bien vite !

A. RIMBAUD.

P.-S. A bientôt, des révélations sur la vie que je vais mener après les vacances...

---

1. Allusion malicieuse de Rimbaud à la manie de son camarade Bretagne, qui citait fréquemment ce vers des *Poèmes Saturniens* (La mort de Philippe II) : « Et son haleine pue épouvantablement » et qui, dans son admiration pour Verlaine qu'il avait rencontré dans le Pas-de-Calais, abordait les amis, au café, en répétant : « En a-t-il de belles licences ? »

3. A GEORGES IZAMBARD [1]

[A DOUAI]

Paris, le 5 septembre 1870.

Cher Monsieur,

Ce que vous me conseilliez de ne pas faire, je l'ai fait, je suis allé à Paris quittant la maison paternelle ! J'ai fait ce tour le 29 août.

Arrêté en descendant du wagon pour n'avoir pas un sou et devoir treize francs de chemin de fer, je fus conduit à la préfecture et aujourd'hui, j'attends mon jugement à Mazas ! — Oh !... J'espère en vous comme en ma mère ; vous m'avez toujours été un frère, je vous demande instamment cette aide que vous m'offrîtes. J'ai écrit à ma mère, au procureur impérial, au commissaire de police de Charleville ; si vous ne recevez de moi aucune nouvelle mercredi, avant le train qui conduit de Douai à Paris, prenez ce train, venez ici me réclamer par lettre ou en vous présentant au procureur, en priant, en répondant de moi, en payant ma dette ! Faites tout ce que vous pourrez *et, quand vous recevrez cette lettre,* écrivez, vous

1. Publiée pour la première fois dans *Vers et prose* (janvier-mars 1911) par M. Izambard.

aussi, *je vous l'ordonne,* oui, *écrivez à ma pauvre mère* (quai de la Madeleine, 5, Charlev.) *pour la consoler! Ecrivez-moi* aussi, faites tout! Je vous aime comme un frère, je vous aimerai comme un père.

Je vous serre la main :

Votre pauvre

ARTHUR RIMBAUD
[détenu à Mazas]

(et si vous parvenez... à Mazas, vous m'emmènerez à Douai avec [vos tantes][1]).

1. Les dames Gindre, chez qui demeurait Georges Izambard. Les passages placés entre crochets, déchirés dans l'original, ont été rétablis par M. Izambard. — Celui-ci envoya, comme on sait, au directeur de la prison le prix du voyage de Rimbaud, provoqua sa libération et le reçut à Douai du 10 au 25 septembre 1870.

4. A PAUL DEMENY [1] (?)

(1870)

Je viens pour vous dire adieu, je ne vous trouve pas chez vous. Je ne sais pas si je pourrai revenir, je pars demain, dès le matin, pour Charleville, j'ai un sauf-conduit. Je regrette infiniment de ne pouvoir vous dire adieu, à vous. Je vous serre la main le plus violemment qu'il m'est possible. Bonne espérance. Je vous écrirai. Vous m'écrirez ? Pas ?

[RIMBAUD]

---

1. Ce court message se trouve au bas d'un feuillet qui contient la fin du poème : *Soleil et Chair,* reproduit dans l'édition manuscrite des poésies de Rimbaud *(Les manuscrits des maîtres,* Messein, 1919), établie d'après les textes originaux appartenant à MM. Pierre Dauze, Jean Richepin et Louis Barthou. D'après la teneur il semble bien que Rimbaud l'ait écrit à Douai, avant de regagner Charleville, sur la feuille où il venait de recopier, pour un ami, un spécimen de ses dernières poésies. Comme G. Izambard connaissait déjà *Soleil et Chair,* il se peut que le destinataire soit P. Demeny dont Rimbaud fit la connaissance en septembre 1870.

5. A LÉON BILLUART[1]

[8 octobre 1870] ?
de Charleroi.

Le soir j'ai soupé en humant l'odeur des soupiraux d'où s'exhalaient les fumets des viandes et des volailles rôties des bonnes cuisines de Charleroi, puis en allant grignoter au clair de lune une tablette de chocolat fumacien[2].

1. Léon Billuart, camarade de collège, plus tard percepteur à l'Isle-sur-la-Sorgue (Vaucluse) de 1896 à 1900, puis à Pavilly (Seine-Maritime), mort en 1925. Cette lettre n'a pas été retrouvée et le fragment ci-dessus, publié par M. J. Bourguignon et Ch. Houin, dans la *Revue d'Ardenne et d'Argonne* en 1897, est reproduit dans ma *Vie aventureuse de Jean-Arthur Rimbaud*, p. 39.
2. Rimbaud s'était arrêté à Fumay, chez Billuart, qui lui avait remis comme viatique une tablette de chocolat.

6. A GEORGES IZAMBARD [1]

[A DOUAI]

Charleville, 2 novembre 1870.

Monsieur,

— A vous seul ceci —

Je suis rentré à Charleville un jour après vous avoir quitté. Ma mère m'a reçu et je suis là... tout à fait oisif. Ma mère ne me mettrait en pension qu'en janvier 71.

Eh bien, j'ai tenu ma promesse.

Je meurs ; je me décompose dans la platitude, dans la mauvaiseté, dans la grisaille. Que voulez-vous ? Je m'entête affreusement à adorer la liberté libre et un tas de choses que « ça fait pitié n'est-ce pas ? »[2] Je devrais repartir aujourd'hui même, je le pouvais ; j'étais vêtu de neuf, j'aurais vendu ma montre, et vive la liberté ! — Donc je suis resté ! je suis resté ! et je voudrais repartir encore bien des fois. Allons, chapeau, capote, les

1. Publiée pour la première fois dans *Vers et prose* (janvier-mars 1911) par M. Izambard.
2. Expression de sa mère.

deux poings dans les poches[1], et sortons. — Mais je resterai, je resterai. Je n'ai pas promis cela. Mais je le ferai pour mériter votre affection. Vous me l'avez dit. Je la mériterai.

La reconnaissance que je vous ai, je ne saurais vous l'exprimer plus que l'autre jour. Je vous le prouverai ! Il s'agirait de faire quelque chose pour vous que je mourrais pour le faire — je vous en donne ma parole.

J'ai encore un tas de choses à dire...

« Ce sans-cœur » de

RIMBAUD

Guerre[2] ; pas de siège de Mézières. Pour quand ? On n'en parle pas ; j'ai fait votre commission à M. Deverrière[3], et s'il faut faire plus, je le ferai[4]. — Par ici, par là, des francs-tirades. Abominable prurigo d'idiotisme, tel est l'esprit de la population. On en entend de belles, allez. C'est dissolvant.

[LETTRE DU 12 NOVEMBRE
A GEORGES IZAMBARD][5]

1. Cf. « Les poings dans mes poches crevées », dans la poésie : *Ma bohème*.

2. Post-scriptum écrit au dos de la feuille.

3. Ami de Rimbaud, ancien professeur et rédacteur au *Nord-Est*, le journal républicain des Ardennes, très lié avec Rimbaud, Izambard, Pierquin et Delahaye.

4. Il s'agissait de mettre en sûreté les livres de Georges Izambard, restés comme on l'a vu dans sa chambre à Charleville, à la disposition de Rimbaud.

5. Dix jours après, Rimbaud envoyait encore une lettre à Georges Izambard, par l'intermédiaire de Deverrière. Voici un extrait des

notes réservées de M. Izambard à ce sujet. « Je sais que, le 12 novembre 1870, m'est arrivée à Douai une lettre (de Rimbaud) que je n'ai plus : je le sais par une lettre *datée du* 11 que m'adressait le bon Deverrière. " Ci-joint une lettre de Rimbaud ", me dit-il. J'ai toujours celle de Deverrière. Pourquoi celle de Rimbaud s'est-elle évadée de mon dossier... avec tant d'autres ? J'aime mieux ne pas m'en expliquer et n'accuser que l'incurie trop confiante de ma jeunesse. Mais ils ne sont pas perdus pour tout le monde, ces précieux autographes. Ils se retrouveront quelque jour, quelque part, chez des collectionneurs qui les auront payés rubis sur l'ongle, et sûrement plus cher qu'ils n'ont coûté jadis à leurs détenteurs marrons. Les précisions que je donne ici n'ont qu'un objet : faciliter l'identification de ces documents s'il advient qu'on les retrouve après que j'aurai moi-même disparu. »

II

1871

LE VOYANT

Chronologie des poésies et lettres écrites pendant l'année

Janvier (?) : *Les assis.*
Avril : *Les sœurs de charité* (17 avril ?)[1]
   (Lettre du 17 avril à Paul Demeny.)
Mai : *Le cœur volé ou supplicié* (début de mai).
   [*Lettre du début de mai à Georges Izambard,* égarée.]
   (Lettre du 13 mai à Georges Izambard.)
   Chant de guerre parisien, Les accroupissements, Mes petites amou-
   reuses, Oraison du soir, L'orgie parisienne, Les mains de Jeanne-
   Marie.
   (Lettre du 15 mai à Paul Demeny.)
   Les Pauvres à l'église.
Juin : *(Lettre du 10 juin à Paul Demeny.)*
   Ce que dit le poète à propos de fleurs.
Juillet : *(Lettre du 14 juillet à Théodore de Banville.)*
   (Lettre du 15 juillet à Georges Izambard.)
   L'homme juste.
Août-septembre : *Bateau ivre (Lettre d'août à Paul Demeny.)*
Octobre : ? *Les chercheuses de poux, Voyelles, Quatrain. Les Cor-*
   beaux (?)[2].

1. Après un séjour d'une quizaine à Paris (25 février-10 mars 1871),
Rimbaud passe l'été à Charleville.
2. C'est à cette époque que Rimbaud invité par Verlaine s'installe à Paris
où il va rester six mois (sept. 1871-avril 1872), fréquentant les cafés et les
cénacles littéraires. Il a précisé sa théorie et va l'opposer à l'esthétique
régnante.

7. A PAUL DEMENY [1]

[A DOUAI]

Charleville, 17 avril 1871.

Votre lettre est arrivée hier 16. Je vous remercie. — Quant à ce que je vous demandais, étais-je sot? Ne sachant rien de ce qu'il faut savoir, résolu à ne faire rien de ce qu'il faut faire [2], je suis condamné, dès toujours, pour jamais. Vive aujourd'hui, vive demain!

Depuis le 12, je dépouille la correspondance au *Progrès des Ardennes* : aujourd'hui, il est vrai, le journal est suspendu. Mais j'ai apaisé la bouche d'ombre [3] pour un temps.

Oui, vous êtes heureux, vous. Je vous dis cela — et qu'il est des misérables qui, femme ou idée, ne trouveront pas la Sœur de charité [4].

Pour le reste, pour aujourd'hui, je vous conseil-

1. Publiée pour la première fois dans le *Mercure de France* (16 décembre 1913) par Paterne Berrichon qui n'indique pas le destinataire, mais le croit identique à celui de la lettre du 15 mai 1871.
2. C'est en vain que M. Izambard lui avait, à plusieurs reprises, conseillé de se présenter aux épreuves du baccalauréat qu'il aurait subies très facilement. Sa mère d'autre part le mettait en demeure de trouver une situation de clerc ou d'employé.
3. Sa mère.
4. Cf. la poésie : *Les sœurs de charité*.

lerais bien de vous pénétrer de ces versets de l'Ecclésiaste, cap. II, 12, aussi sapients que romantiques : « Celui-là aurait sept replis de folie en l'âme qui, ayant perdu ses habits au soleil, geindrait à l'heure de la pluie » ; mais foin de la sapience et de 1830 : causons Paris.

J'ai vu quelques nouveautés chez Lemerre : deux poèmes de Leconte de Lisle, le *Sacre de Paris*, le *Soir d'une bataille*. — De F. Coppée : *Lettre d'un mobile breton*. — Mendès : *Colère d'un franc-tireur*. — A. Theuriet : *L'Invasion*.

A. Lacaussade : *Væ victoribus*. — Des poèmes de Félix Franck, d'Emile Bergerat. — Un *Siège de Paris*, fort volume de Claretie.

J'ai lu là-bas *le Fer rouge, Nouveaux châtiments*, de Glatigny, dédié à Vacquerie ; — en vente chez Lacroix, Paris et Bruxelles probablement.

A la librairie artistique, — je cherchais l'adresse de Vermersch — on m'a donné de vos nouvelles. Je vous savais alors à Abbeville [1].

Que chaque libraire ait son *Siège*, son *Journal de Siège*, — le *Siège* de Sarcey en est à sa quatorzième édition ; — que j'aie vu des ruissellements fastidieux de photographies et de dessins relatifs au Siège, — vous ne douterez jamais. On s'arrêtait aux gravures de A. Marie, *les Vengeurs, les Faucheurs de la Mort* ; surtout aux dessins

---

1. Paul Demeny fut mobilisé en même temps que Georges Izambard et dans la même compagnie, à Abbeville.

comiques de Draner et de Faustin. — Pour les théâtres, abomination de la désolation. — Les choses du jour étaient *le Mot d'ordre*[1] et les fantaisies, admirables, de Vallès et de Vermersch au *Cri du Peuple.*

Telle était la littérature — du 25 Février au 10 Mars. — Du reste je ne vous apprends peut-être rien de nouveau.

En ce cas, tendons le front aux lances des averses[2], l'âme à la sapience antique,

Et que la littérature belge nous emporte sous son aisselle.

Au revoir,

A. RIMBAUD.

---

1. Journal de Henri Rochefort.
2. Cf. Verlaine, *Poèmes saturniens*, Effet de nuit, les pertusaniers et leurs fers droits qui « luisent à contre-sens des lances de l'averse »

8. A GEORGES IZAMBARD [1]

[A DOUAI]

Charleville, [13] mai 1871.

Cher Monsieur!

Vous revoilà professeur [2]. On se doit à la Société, m'avez-vous dit; vous faites partie des corps enseignants : vous roulez dans la bonne ornière. — Moi aussi, je suis le principe : je me fais cyniquement *entretenir*; je déterre d'anciens imbéciles de collège : tout ce que je puis inventer de bête, de sale, de mauvais, en action et en paroles, je le leur livre : on me paie en bocks et en filles. *Stat mater dolorosa, dum pendet filius.* — Je me dois à la Société, c'est juste, — et j'ai raison. — Vous aussi, vous avez raison, pour aujourd'hui. Au fond, vous ne voyez en votre principe que poésie subjective : votre obstination à rega-

1. Publiée pour la première fois dans la *Revue Européenne* (octobre 1928) par M. Izambard. Avec un fac-similé. Le quantième du mois, omis par Rimbaud, est indiqué par l'estampille de la poste. Pas affranchie, d'où... 30 centimes à percevoir! — Adresse : Monsieur Georges Izambard, professeur, 27, rue de l'Abbaye des Champs, à Douai, Nord.
2. Après la démobilisation, Georges Izambard fut nommé professeur suppléant de Seconde au Lycée de Douai, avant d'être désigné pour la chaire de Rhétorique au Lycée de Cherbourg.

gner le râtelier universitaire — pardon ! — le prouve. Mais vous finirez toujours comme un satisfait qui n'a rien fait, n'ayant rien voulu faire. Sans compter que votre poésie subjective sera toujours horriblement fadasse. Un jour, j'espère, — bien d'autres espèrent la même chose, — je verrai dans votre principe la poésie objective, — je la verrai plus sincèrement que vous ne le feriez ! — Je serai un travailleur : c'est l'idée [1] qui me retient quand les colères folles me poussent vers la bataille de Paris où tant de travailleurs meurent pourtant encore tandis que je vous écris ! [2] Travailler maintenant, jamais, jamais ; je suis en grève.

Maintenant, je m'encrapule le plus possible. Pourquoi ? Je veux être poète, et je travaille à me rendre *voyant* : vous ne comprendrez pas du tout, et je ne saurais presque vous expliquer. Il s'agit d'arriver à l'inconnu par le dérèglement de *tous les sens*. Les souffrances sont énormes, mais il faut être fort, être né poète, et je me suis reconnu poète [3]. Ce n'est pas du tout ma faute. C'est faux

1. La théorie du « voyant », les méditations et les expériences de dérèglement systématique qu'elle implique. « S'il ne part pas, c'est qu'il juge plus important que tout le travail mental qu'il perpètre sur lui-même et qu'il ne veut interrompre sous aucun prétexte. » (G. IZAMBARD.)
2. Témoignage qui prouve d'une façon décisive que Rimbaud ne s'est pas mêlé à l'agitation révolutionnaire pendant la Commune. Cf. déjà ma *Vie aventureuse de Rimbaud*, p. 57 et plus loin, p. 70.
3. Cette lettre annonce la suivante. Rimbaud essaie sur son professeur la première ou seconde rédaction du « manifeste litté-

de dire : Je pense. On devrait dire : On me pense. Pardon du jeu de mots [1].

Je est un autre [2]. Tant pis pour le bois qui se trouve violon, et nargue aux inconscients qui ergotent sur ce qu'ils ignorent tout à fait !

Vous n'êtes pas *enseignant* pour moi. Je vous donne ceci : est-ce de la satire, comme vous diriez ? Est-ce de la poésie ? C'est de la fantaisie, toujours. — Mais, je vous en supplie, ne soulignez ni du crayon, ni trop de la pensée :

LE CŒUR SUPPLICIÉ

Mon triste cœur bave à la poupe,
Mon cœur est plein de caporal :
Ils y lancent des jets de soupe,
Mon triste cœur bave à la poupe :
Sous les quolibets de la troupe
Qui pousse un rire général,
Mon triste cœur bave à la poupe,
Mon cœur est plein de caporal !

raire » qu'il enverra deux jours plus tard à son ami Paul Demeny. Cf. l'excellent commentaire que lui consacre M. Izambard dans la *Revue Européenne* d'octobre 1928, p. 990-1015.

1. Allusion, d'après G. Izambard, à un calembour historique. A Voltaire, revenant d'Angleterre, Louis XV aurait demandé : « Qu'avez-vous appris là-bas ? — A penser, Sire. — Les chevaux ? »

2. Opposition entre le Rimbaud-élève, courbé sous la férule de sa mère, réservé et hermétique, sauvagement fermé, et le Rimbaud-poète, hardi, ivre de liesse intellectuelle, de défi et de liberté, le confident de M. Izambard.

Ithyphalliques et pioupiesques
Leurs insultes l'ont dépravé!
À la vesprée ils font des fresques
Ithyphalliques et pioupiesques.
Ô flots abracadabrantesques,
Prenez mon cœur, qu'il soit sauvé :
Ithyphalliques et pioupiesques
Leurs insultes l'ont dépravé!

Quand ils auront tari leurs chiques,
Comment agir, ô cœur volé?
Ce seront des refrains bachiques
Quand ils auront tari leurs chiques :
J'aurai des sursauts stomachiques
Si mon cœur triste est ravalé :
Quand ils auront tari leurs chiques,
Comment agir, ô cœur volé?

Ça ne veut pas rien dire. — *Répondez-moi* .
chez M. Deverrière, pour A. R.
Bonjour de cœur

ARTH. RIMBAUD.

9. A PAUL DEMENY

[A DOUAI]

Charleville, 15 mai 1871.
J'ai résolu de vous donner une heure de littérature nouvelle. Je commence de suite par un
psaume d'actualité :

CHANT DE GUERRE PARISIEN

Le Printemps est évident, car
Du cœur des Propriétés vertes,
Le vol de Thiers et de Picard
Tient ses splendeurs grandes ouvertes

Ô Mai ! quels délirants culs-nus !
Sèvres, Meudon, Bagneux, Asnières,
Écoutez donc les bienvenus
Semer les choses printanières !

Ils ont schako, sabre et tam-tam,
Non la vieille boîte à bougies
Et des yoles qui n'ont jam, jam...
Fendent le lac aux eaux rougies !

Plus que jamais nous bambochons
Quand arrivent sur nos tanières

41

Crouler les jaunes cabochons
Dans des aubes particulières !

Thiers et Picard sont des Éros,
Des enleveurs d'héliotropes,
Au pétrole ils font des Corots :
Voici hannetonner leurs tropes...

Ils sont familiers du Grand Truc !...
Et couché dans les glaïeuls, Favre
Fait son cillement aqueduc,
Et ses reniflements à poivre !

La grand'ville a le pavé chaud,
Malgré vos douches de pétrole,
Et décidément, il nous faut
Vous secouer dans votre rôle...

Et les Ruraux qui se prélassent
Dans de longs accroupissements,
Entendront des rameaux qui cassent
Parmi les rouges froissements !

— Voici de la prose sur l'avenir de la poésie : —

Toute poésie antique aboutit à la poésie grecque, Vie harmonieuse. — De la Grèce au mouvement romantique, — moyen-âge, — il y a des lettrés, des versificateurs. D'Ennius à Theroldus, de Theroldus à Casimir Delavigne, tout est prose rimée, un jeu, avachissement et gloire d'innombrables générations idiotes : Racine est le pur, le fort, le grand. — On eût soufflé sur ses rimes, brouillé ses hémistiches, que le Divin Sot serait aujourd'hui aussi ignoré que le premier venu auteur d'Origines. — Après Racine, le jeu moisit. Il a duré deux mille ans !

Ni plaisanterie, ni paradoxe. La raison m'inspire plus de certitudes sur le sujet que n'aurait jamais eu de colères un Jeune-France. Du reste, libre aux nouveaux d'exécrer les ancêtres : on est chez soi et l'on a le temps.

On n'a jamais bien jugé le romantisme. Qui l'aurait jugé ? Les Critiques !! Les Romantiques ? qui prouvent si bien que la chanson est si peu souvent l'œuvre, c'est-à-dire la pensée chantée et comprise du chanteur.

Car JE est *un autre*[1]. Si le cuivre s'éveille clairon, il n'y a rien de sa faute. Cela m'est évident : j'assiste à l'éclosion de ma pensée : je la regarde, je l'écoute : je lance un coup d'archet : la symphonie fait son remuement dans les profondeurs, ou vient d'un bond sur la scène.

Si les vieux imbéciles n'avaient pas trouvé du Moi que la signification fausse, nous n'aurions

---

1. Même « motif », même thème, à peine transposé, que dans la lettre précédente. Rimbaud a conscience de son dualisme profond, de son dédoublement perpétuel.

pas à balayer ces millions de squelettes, qui, depuis un temps infini, ont accumulé les produits de leur intelligence borgnesse, en s'en clamant les auteurs !

En Grèce, ai-je dit, vers et lyres, rythmes : l'Action. Après, musique et rimes sont jeux, délassements. L'étude de ce passé charme les curieux : plusieurs s'éjouissent à renouveler ces antiquités : — c'est pour eux. L'intelligence universelle a toujours jeté ses idées naturellement ; les hommes ramassaient une partie de ces fruits du cerveau : on agissait par, on en écrivait des livres : telle allait la marche, l'homme ne se travaillant pas, n'étant pas encore éveillé, ou pas encore dans la plénitude du grand songe. Des fonctionnaires, des écrivains[1]. Auteur, créateur, poète, cet homme n'a jamais existé !

La première étude de l'homme qui veut être poète est sa propre connaissance, entière. Il cherche son âme, il l'inspecte, il la tente, l'apprend. Dès qu'il la sait, il la doit cultiver : cela semble simple : en tout cerveau s'accomplit un développement naturel : tant d'*égoïstes* se proclament auteurs ; il en est bien d'autres qui s'attribuent leur progrès intellectuel ! — Mais il

---

1. On retrouve ici son mépris pour le fonctionnarisme, la situation stable et officielle, le Bureau. Cf. lettre du 13 mai à Georges Izambard. « Vous faites partie des corps enseignants, vous roulez dans la bonne ornière », et poésie « à la Musique » : « les gros bureaux bouffis ».

s'agit de faire l'âme monstrueuse : à l'instar des comprachicos, quoi ! Imaginez un homme s'implantant et se cultivant des verrues sur le visage.

Je dis qu'il faut être *voyant*, se faire VOYANT.

Le Poète se fait *voyant* par un long, immense et raisonné *dérèglement* de *tous les sens*. Toutes les formes d'amour, de souffrance, de folie ; il cherche lui-même, il épuise en lui tous les poisons pour n'en garder que les quintessences. Ineffable torture où il a besoin de toute la foi, de toute la force surhumaine, où il devient entre tous le grand malade, le grand criminel, le grand maudit, — et le suprême Savant ! — Car, il arrive à l'*inconnu* ! Puisqu'il a cultivé son âme, déjà riche, plus qu'aucun ! Il arrive à l'inconnu ; et quand, affolé, il finirait par perdre l'intelligence de ses visions, il les a vues ! Qu'il crève dans son bondissement par les choses inouïes et innombrables : viendront d'autres horribles travailleurs ; ils commenceront par les horizons où l'autre s'est affaissé !

— La suite à six minutes —

Ici j'intercale un second psaume *hors du texte :* veuillez tendre une oreille complaisante, et tout le monde sera charmé. — J'ai l'archet en main, je commence :

Un hydrolat lacrymal lave
　　　Les cieux vert-chou :
Sous l'arbre tendronnier qui bave,
　　　Vos caoutchoucs

Blancs de lunes particulières
　　　Aux pialats ronds,
Entrechoquez vos genouillères
　　　Mes laiderons !

Nous nous aimions à cette époque,
　　　Bleu laideron !
On mangeait des œufs à la coque
　　　Et du mouron !

Un soir, tu me sacras poète,
　　　Blond laideron :
Descends ici, que je te fouette
　　　En mon giron ;

J'ai dégueulé ta bandoline,
　　　Noir laideron ;
Tu couperais ma mandoline
　　　Au fil du front.

Pouah ! mes salives desséchées,
　　　Roux laideron,
Infectent encor les tranchées
　　　De ton sein rond !

46

Ô mes petites amoureuses,
        Que je vous hais !
Plaquez de fouffes douloureuses
        Vos tétons laids !

Piétinez mes vieilles terrines
        De sentiment ;
— Hop donc ! soyez-moi ballerines
        Pour un moment !...

Vos omoplates se déboîtent,
        Ô mes amours !
Une étoile à vos reins qui boitent,
        Tournez vos tours !

Et c'est pourtant pour ces éclanches
        Que j'ai rimé !
Je voudrais vous casser les hanches
        D'avoir aimé !

Fade amas d'étoiles ratées,
        Comblez les coins !
— Vous crèverez en Dieu, bâtées
        D'ignobles soins !

Sous les lunes particulières
        Aux pialats ronds,
Entrechoquez vos genouillères,
        Mes laiderons !

Voilà. Et remarquez bien que, si je ne craignais de vous faire débourser plus de 60 c. de port, — moi pauvre effaré[1] qui, depuis sept mois, n'ai pas tenu un seul rond de bronze ! — je vous livrerais encore mes *Amants de Paris*, cent hexamètres, Monsieur, et ma *Mort de Paris*, deux cents hexamètres ![2]

— Je reprends :

Donc le poète est vraiment voleur de feu.

Il est chargé de l'humanité, des *animaux* même ; il devra faire sentir, palper, écouter ses inventions. Si ce qu'il rapporte de *là-bas* a forme, il donne forme ; si c'est informe, il donne de l'informe. Trouver une langue ; — Du reste, toute parole étant idée, le temps d'un langage universel viendra ! Il faut être académicien, — plus mort qu'un fossile — pour parfaire un dictionnaire, de quelque langue que ce soit. Des faibles se mettraient *à penser* sur la première lettre de l'alphabet, qui pourraient vite ruer dans la folie !

Cette harangue sera de l'âme pour l'âme, résumant tout, parfums, sons, couleurs, de la pensée accrochant la pensée et tirant. Le poète définirait la quantité d'inconnu s'éveillant en son temps, dans l'âme universelle : il donnerait plus que la formule de sa pensée, que l'annotation de *sa*

1. Cf. la poésie : *Les effarés*.
2. Ces deux poèmes n'ont pas été retrouvés.

marche au Progrès! Énormité devenant norme absorbée par tous, il serait vraiment un *multiplicateur de progrès!*

Cet avenir sera matérialiste, vous le voyez. — Toujours pleins du *Nombre* et de l'*Harmonie*, les poèmes seront faits pour rester. — Au fond, ce serait encore un peu la Poésie grecque.

L'art éternel aurait ses fonctions, comme les poètes sont citoyens. La Poésie ne rythmera plus l'action; elle *sera en avant*.

Ces poètes seront! Quand sera brisé l'infini servage de la femme, quand elle vivra pour elle et par elle, l'homme, — jusqu'ici abominable, — lui ayant donné son renvoi, elle sera poète, elle aussi! La femme trouvera de l'inconnu! Ses mondes d'idées différeront-ils des nôtres? — Elle trouvera des choses étranges, insondables, repoussantes, délicieuses; nous les prendrons, nous les comprendrons.

En attendant, demandons au poète du *nouveau*, — idées et formes. Tous les habiles croiraient bientôt avoir satisfait à cette demande: — ce n'est pas cela!

Les premiers romantiques ont été *voyants* sans trop bien s'en rendre compte: la culture de leurs âmes s'est commencée aux accidents: locomotives abandonnées, mais brûlantes, que prennent quelque temps les rails. — Lamartine est quelquefois voyant, mais étranglé par la forme vieille. — Hugo, *trop cabochard*, a bien du VU dans les derniers volumes : *les Misérables* sont un vrai *poème*. J'ai *les Châtiments* sous main ; *Stella* donne à peu près la mesure de la *vue* d'Hugo. Trop de Belmontet et de Lamennais, de Jehovahs et de colonnes, vieilles énormités crevées.

Musset est quatorze fois exécrable pour nous, générations douloureuses et prises de visions, — que sa paresse d'ange a insultées ! Oh ! les contes et les proverbes fadasses ! ô les *Nuits* ! ô *Rolla*, ô *Namouna*, ô *la Coupe* ! tout est français, c'est-à-dire haïssable au suprême degré ; français, pas parisien ! Encore une œuvre de cet odieux génie qui a inspiré Rabelais, Voltaire, Jean La Fontaine, commenté par M. Taine ! Printanier, l'esprit de Musset ! Charmant, son amour ! En voilà, de la peinture à l'émail, de la poésie solide ! On savourera longtemps la poésie *française*, mais en France. Tout garçon épicier est en mesure de débobiner une apostrophe Rollaque, tout séminariste emporte les cinq cents rimes dans le secret d'un carnet. A quinze ans, ces élans de passion mettent les jeunes en rut ; à seize ans, ils se contentent déjà de les réciter avec *cœur* ; à dix-huit ans, à dix-sept même, tout collégien qui a le moyen fait le Rolla, écrit un Rolla ! Quelques-uns en meurent peut-être encore. Musset n'a rien su faire. Il y avait des visions derrière la gaze des rideaux ; il a fermé les yeux. Français, panadis, traîné de l'estaminet au pupitre du collège, le beau mort est mort, et, désormais, ne nous donnons même plus la peine de le réveiller par nos abominations !

Les seconds romantiques sont très *voyants :* Théophile Gautier, Leconte de Lisle, Théodore de Banville. Mais inspecter l'invisible et entendre l'inouï étant autre chose que reprendre l'esprit des choses mortes, Baudelaire est le premier voyant, roi des poètes, un vrai *Dieu.* Encore a-t-il vécu dans un milieu trop artiste ; et la forme si vantée en lui est mesquine. Les inventions d'inconnu réclament des formes nouvelles.

Rompus aux formes vieilles : parmi les innocents, A. Renaud, — a fait son Rolla, — L. Grandet, — a fait son Rolla ; — les gaulois et les Musset, G. Lafenestre, Coran, C.-L. Popelin[1], Soulary, L. Salles ; les écoliers, Marc, Aicard, Theuriet ; les morts et les imbéciles, Autran, Barbier, L. Pichat, Lemoyne, les Deschamps, les Des Essarts ; les journalistes, L. Cladel, Robert Luzarches, X. de Ricard ; les fantaisistes, C. Mendès ; les bohèmes ; les femmes ; les talents, Léon Dierx et Sully-Prudhomme, Coppée. — La nouvelle école, dite parnassienne, a deux voyants, Albert Mérat et Paul Verlaine, un vrai poète. — Voilà.

Ainsi je travaille à me rendre *voyant.* — Et finissons par un chant pieux.

---

1. Plutôt Cl. (Claudius) Popelin, l'ami de Heredia. A. Renaud, auteur des *Nuits persanes.*

Bien tard, quand il se sent l'estomac écœuré,
Le frère Milotus, un œil à la lucarne
D'où le soleil, clair comme un chaudron récuré,
Lui darde une migraine et fait son regard darne,
Déplace dans les draps son ventre de curé.

Il se démène sous sa couverture grise
Et descend, ses genoux à son ventre tremblant,
Effaré comme un vieux qui mangerait sa prise,
Car il lui faut, le poing à l'anse d'un pot blanc,
À ses reins largement retrousser sa chemise !

Or, il s'est accroupi, frileux, les doigts de pied
Repliés, grelottant au clair soleil qui plaque
Des jaunes de brioche aux vitres de papier ;
Et le nez du bonhomme où s'allume la laque
Renifle aux rayons, tel qu'un charnel polypier.

. . . .

Le bonhomme mijote au feu, bras tordus, lippe
Au ventre : il sent glisser ses cuisses dans le feu,
Et ses chausses roussir, et s'éteindre sa pipe ;
Quelque chose comme un oiseau remue un peu
À son ventre serein comme un monceau de tripe !

Autour, dort un fouillis de meubles abrutis
Dans des haillons de crasse et sur de sales ventres ;
Des escabeaux, crapauds étranges, sont blottis

Aux coins noirs : des buffets ont des gueules de
[chantres
Qu'entrouvre un sommeil plein d'horribles appétits.

L'écœurante chaleur gorge la chambre étroite ;
Le cerveau du bonhomme est bourré de chiffons.
Il écoute les poils pousser dans sa peau moite,
Et parfois, en hoquets fort gravement bouffons
S'échappe, secouant son escabeau qui boite...
....

Et le soir, aux rayons de lune, qui lui font
Aux contours du cul des bavures de lumière
Une ombre avec détails s'accroupit, sur un fond
De neige rose ainsi qu'une rose trémière...
Fantasque, un nez poursuit Vénus au ciel profond.

Vous seriez exécrable de ne pas répondre : vite,
car dans huit jours je serai à Paris, peut-être [1].
Au revoir.

A. RIMBAUD.

1. Dans cinq jours, la victoire de Thiers et la répression des
Versaillais mettront fin à la Commune (20 mai 1871). Ce ne sera pas
le moment de se risquer à Paris.

10. A PAUL DEMENY [1]

[A DOUAI]

Charleville, 10 juin 1871.

LES POÈTES DE SEPT ANS

Et la Mère, fermant le livre du devoir,
S'en allait satisfaite et très fière, sans voir,
Dans les yeux bleus et sous le front plein d'émi-
[nences,
L'âme de son enfant livrée aux répugnances.

Tout le jour il suait d'obéissance ; très
Intelligent ; pourtant des tics noirs, quelques traits
Semblaient prouver en lui d'âcres hyprocrisies.
Dans l'ombre des couloirs aux tentures moisies,
En passant il tirait la langue, les deux poings
À l'aine, et dans ses yeux fermés voyait des points.
Une porte s'ouvrait sur le soir : à la lampe
On le voyait, là-haut, qui râlait sur la rampe,
Sous un golfe de jour pendant du toit. L'été
Surtout, vaincu, stupide, il était entêté
À se renfermer dans la fraîcheur des latrines :

1. Publiée pour la première fois dans la *Nouvelle Revue Française* (octobre 1912) par Paterne Berrichon.

Il pensait là, tranquille et livrant ses narines.
Quand, lavé des odeurs du jour, le jardinet
Derrière la maison, en hiver, s'illunait,
Gisant au pied d'un mur, enterré dans la marne
Et pour des visions écrasant son œil darne,
Il écoutait grouiller les galeux espaliers.
Pitié ! Ces enfants seuls étaient ses familiers
Qui, chétifs, fronts nus, œil déteignant sur la joue,
Cachant de maigres doigts jaunes et noirs de boue
Sous des habits puant la foire et tout vieillots,
Conversaient avec la douceur des idiots !
Et si, l'ayant surpris à des pitiés immondes,
Sa mère s'effrayait ; les tendresses, profondes,
De l'enfant se jetaient sur cet étonnement
C'était bon. Elle avait le bleu regard, — qui ment !

À sept ans, il faisait des romans, sur la vie
Du grand désert, où luit la Liberté ravie,
Forêts, soleils, rives, savanes ! — Il s'aidait
De journaux illustrés où, rouge, il regardait
Des Espagnoles rire et des Italiennes.
Quand venait, l'œil brun, folle, en robes d'in-
                                        [diennes,
— Huit ans, — la fille des ouvriers d'à côté,
La petite brutale, et qu'elle avait sauté,
Dans un coin, sur son dos, en secouant ses tresses,
Et qu'il était sous elle, il lui mordait les fesses,
Car elle ne portait jamais de pantalons ;
— Et, par elle meurtri des poings et des talons,
Remportait les saveurs de sa peau dans sa chambre.

Il craignait les blafards dimanches de décembre,
Où, pommadé, sur un guéridon d'acajou,
Il lisait une Bible à la tranche vert-chou;
Des rêves l'oppressaient chaque nuit dans l'alcôve.
Il n'aimait pas Dieu; mais les hommes, qu'au soir
                                          [fauve,
Noirs, en blouse, il voyait rentrer dans le faubourg
Où les crieurs, en trois roulements de tambour,
Font autour des édits rire et gronder les foules.
— Il rêvait la prairie amoureuse, où des houles
Lumineuses, parfums sains, pubescenses d'or,
Font leur remuement calme et prennent leur essor!

Et comme il savourait surtout les sombres choses,
Quand, dans la chambre nue aux persiennes closes,
Haute et bleue, âcrement prise d'humidité,
Il lisait son roman sans cesse médité,
Plein de lourds ciels ocreux et de forêts noyées,
De fleurs de chair aux bois sidérals déployées,
Vertige, écroulements, déroutes et pitié!
— Tandis que se faisait la rumeur du quartier,
En bas, — seul, et couché sur des pièces de toile
Écrue, et pressentant violemment la voile!

LES PAUVRES À L'ÉGLISE

Parqués entre des bancs de chêne, aux coins d'église
Qu'attiédit puamment leur souffle, tous leurs yeux
Vers le chœur ruisselant d'orrie et la maîtrise
Aux vingt gueules gueulant les cantiques pieux;

Comme un parfum de pain humant l'odeur de cire,
Heureux, humiliés comme des chiens battus,
Les Pauvres au bon Dieu, le patron et le sire,
Tendent leurs oremus risibles et têtus.

Aux femmes, c'est bien bon de faire des bancs lisses,
Après les six jours noirs où Dieu les fait souffrir !
Elles bercent, tordus dans d'étranges pelisses,
Des espèces d'enfants qui pleurent à mourir.

Leurs seins crasseux dehors, ces mangeuses de
                                    [soupe,
Une prière aux yeux et ne priant jamais,
Regardent parader mauvaisement un groupe
De gamines avec leurs chapeaux déformés.

Dehors, le froid, la faim, l'homme en ribote :
C'est bon. Encore une heure ; après, les maux sans
                                    [noms !
— Cependant, alentour, geint, nasille, chuchote
Une collection de vieilles à fanons :

Ces effarés y sont et ces épileptiques
Dont on se détournait hier aux carrefours ;
Et, fringalant du nez dans des missels antiques,
Ces aveugles qu'un chien introduit dans les cours.

Et tous, bavant la foi mendiante et stupide,
Récitent la complainte infinie à Jésus

Qui rêve en haut, jauni par le vitrail livide,
Loin des maigres mauvais et des méchants pansus,

Loin des senteurs de viande et d'étoffes moisies,
Farce prostrée et sombre aux gestes repoussants ;
— Et l'oraison fleurit d'expressions choisies,
Et les mysticités prennent des tons pressants,

Quand, des nefs où périt le soleil, plis de soie
Banals, sourires verts, les Dames des quartiers
Distingués, — ô Jésus ! — les malades du foie
Font baiser leurs longs doigts jaunes aux bénitiers.

Voici, — ne vous fâchez pas — un motif à
dessins drôles : c'est une antithèse aux douces
vignettes pérennelles, où batifolent des cupidons,
où s'essorent des cœurs panachés de flammes,
fleurs vertes, oiseaux mouillés, promontoires de
Leucade, etc. — Ces triolets, eux aussi, du reste
iront,

> Où les vignettes pérennelles,
> Où les doux vers.

Voici : ne vous fâchez pas !

LE CŒUR DU PITRE[1]

Voilà. J'ai trois prières à vous adresser :
Brûlez, je le veux, et je crois que vous respecte-
rez ma volonté comme celle d'un mort, brûlez

1. *Le cœur du pitre, le cœur supplicié,* variantes du titre pour un
même poème (cf. lettre à Georges Izambard du 13 mai 1871).

tous les vers que je fus assez sot pour vous donner lors de mes séjours à Douai. Ayez la bonté de m'envoyer, s'il vous est possible et s'il vous plaît, un exemplaire de vos G...[1], que je voudrais relire et qu'il m'est impossible d'acheter, ma mère ne m'ayant gratifié d'aucun rond de bronze depuis six mois, — pitié! — enfin, veuillez bien me répondre, quoi que ce soit, pour cet envoi et pour le précédent.

Je vous souhaite un bon jour, ce qui est bien bon. Ecrivez à : M. Deverrière, 95, sous les Allées[2], pour

A. RIMBAUD.

1. *Les Glaneuses*. Cf. Lettre à Georges Izambard, du 25 août 1870. (Ce titre suffit à identifier le destinataire de la lettre.)
2. Avenue qui relie Charleville à Mézières, aujourd'hui Cours d'Orléans. — Pour échapper à l'inquisition maternelle, Rimbaud fait adresser toute sa correspondance, soit à Deverrière, soit à Bretagne.

11. A THÉODORE DE BANVILLE[1]

[A PARIS]

[Charleville], 14 juillet 1871

Monsieur et Cher Maître,

Vous rappelez-vous avoir reçu de province, en juin 1870, cent ou cent cinquante hexamètres mythologiques intitulés *Credo in unam?*[2] Vous fûtes assez bon pour répondre !

C'est le même imbécile qui vous envoie les vers ci-dessus, signés Alcide Bava[3]. — Pardon.

J'ai dix-huit ans. — J'aimerai toujours les vers de Banville.

L'an passé je n'avais que dix-sept ans ! Ai-je progressé !

ALCIDE BAVA.

[A. R.]

1. Publiée pour la première fois, avec le poème : *Ce que dit le poète à propos de fleurs*, par M. Marcel Coulon, dans son volume : *Au cœur de Verlaine et de Rimbaud*, p. 125.

2. C'est le poème intitulé aujourd'hui : *Soleil et Chair*.

3. Rimbaud use et abuse du verbe « baver ». Cf. *Les pauvres à l'église* « bavant la foi », *Mes petites amoureuses* : « Sous l'arbre tendronnier qui bave — vos caoutchoucs. » et le vers du *Cœur volé* : « Mon triste cœur *bave* à la poupe... » Ici, il « bave » des vers. Toujours la même ironie pratiquée à l'égard de lui-même !

Mon adresse.

M. Charles Bretagne, Avenue de Mézières, à Charleville, pour A. Rimbaud.

12. A GEORGES IZAMBARD

[A CHERBOURG][1]

[Charleville], 12 (15) juillet 1871[2]

Cher Monsieur[3],

Vous prenez des bains de mer, vous avez été en bateau ! Les boiards, c'est loin[4], vous n'en voulez plus, et je vous jalouse, moi qui étouffe ici !

Puis je m'embête ineffablement et je ne puis vraiment rien porter sur le papier.

Je veux pourtant vous demander quelque chose. Une dette énorme — chez un libraire — est venue fondre sur moi qui n'ai pas le moindre rond de colonne en poche. Il faut revendre des livres. Or vous devez vous rappeler qu'en septembre, étant venu — pour moi — tenter d'avachir un cœur de mère endurci, vous emportâtes, sur mon conseil, plusieurs volumes, cinq ou six,

---

1. Adresse exacte : professeur, Collège de Cherbourg, Cherbourg, Manche.

2. La lettre est datée du 12 juillet, timbrée du 15 par la poste.

3. En partie déchirée et reconstituée par M. Izambard. Cf. *Le grand jeu*, n° II, 1929.

4. Allusion à un préceptorat en Russie dont G. Izambard avait décliné l'offre. Cf. « Vous revoilà professeur », lettre du 13 mai 1871.

qu'en août j'avais apportés à votre intention [1].

Eh! bien! tenez-vous à « Florise » de Banville, aux « Exilés » du même? Moi qui ai besoin de rétrocéder des bouquins à mon libraire, je serais bien content de ravoir ces deux volumes : j'ai d'autres Banville chez moi [2] : joints aux vôtres, ils composeraient une collection et les collections s'acceptent bien mieux que des volumes isolés.

N'avez-vous pas les « Couleuvres » [3]? Je placerai cela comme du neuf! — Tenez-vous aux « Nuits persanes » [4]? Un titre qui peut affrioler, même parmi des bouquins d'occasion. — Tenez-vous à ce volume de Pontmartin [55]? Il existe des littérateurs par ici qui rachèteraient cette prose. — Tenez-vous aux « Glaneuses » [6]? Les collégiens d'Ardennes pourraient débourser trois francs pour bricoler dans ces azurs-là [7]. Je saurais démontrer à mon crocodile que l'achat d'une telle collection donnerait de portenteux bénéfices. Je ferais rutiler les titres inaperçus. Je réponds de me découvrir une audace avachissante dans ce brocantage.

---

1. Achetés à crédit comme d'habitude.
2. Les *Cariatides* et les *Odes funambulesques*, offerts par Izambard en juillet 1870.
3. De Louis Veuillot (paru en 1869).
4. D'Armand Renaud (paru en 1870).
5. Les *Samedis*, volume de critique.
6. De Paul Demeny. Cf. plus haut.
7. Il y avait aussi, parmi les livres prêtés à G. Izambard, *Les Stoïques* de Louisa Siefet. (Cf. plus haut la lettre du 25 août 1870.)

Si vous saviez quelle position ma mère peut et veut me faire avec ma dette de 35 fr. 25, vous n'hésiteriez pas à m'abandonner ces bouquins. Vous m'enverriez ce ballot chez M. Deverrière, 95, sous les Allées, lequel est prévenu de la chose et l'attend : je vous rembourserais le prix du transport et je vous serais superbondé de gratitude[1].

Si vous avez des imprimés inconvenants dans une bibliothèque de professeur et que vous vous en aperceviez, ne vous gênez pas, mais vite, je vous en prie, on me presse !

Cordialement et bien merci d'avance.

A. RIMBAUD

P.-S. J'ai vu, en une lettre de vous à M. Deverrière, que vous étiez inquiet au sujet de vos caisses de livres. Il vous les fera parvenir dès qu'il aura reçu vos instructions.

Je vous serre la main.

A. R.

1. M. Izambard ne put renvoyer à Rimbaud les livres en question, pour la bonne raison qu'il les avait laissés, avec les siens propres, dans les caisses restées en dépôt chez son propriétaire de Charleville, mais il lui fit parvenir 40 francs par l'intermédiaire du fidèle Deverrière.

13. A PAUL DEMENY (?)

[A DOUAI]

Charleville (Ardennes),
Août 1871.

Monsieur,

Vous me faites recommencer ma prière : soit. Voici la complainte complète. Je recherche des paroles calmes : mais ma science de l'art n'est pas bien profonde. Enfin, voici :

Situation du prévenu :

J'ai quitté depuis plus d'un an la vie ordinaire pour ce que vous savez [1]. Enfermé sans cesse dans cette inqualifiable contrée ardennaise, ne fréquentant pas un homme, recueilli dans un travail infâme, inepte, obstiné, mystérieux ; ne répondant que par le silence aux questions, aux apostrophes grossières et méchantes, me montrant digne dans ma position extra-légale, j'ai fini par provoquer d'atroces résolutions d'une mère aussi inflexible que soixante-treize administrations à casquettes de plomb.

Elle a voulu m'imposer le travail perpétuel, à

---

1. L'état de voyant provoqué par le « raisonné dérèglement de tous les sens ».

Charleville (Ardennes!) Une place pour tel jour, disait-elle, ou la porte. — Je refusai cette vie, sans donner mes raisons : c'eût été pitoyable. Jusqu'aujourd'hui, j'ai pu tourner ces échéances. Elle en est venue à ceci : souhaiter sans cesse mon départ, ma fuite! Indigent, inexpérimenté, je finirais par entrer aux établissements de correction. Et dès ce moment, silence sur moi.

Voilà le mouchoir de dégoût qu'on m'a enfoncé dans la bouche. C'est bien simple.

Je ne demande rien, je demande un renseignement. Je veux travailler libre : mais à Paris que j'aime[1]. Tenez : je suis un piéton, rien de plus; j'arrive dans la ville immense sans aucune ressource matérielle : mais vous m'avez dit : Celui qui désire être ouvrier à quinze sous par jour s'adresse là, fait cela, vit comme cela. Je m'adresse là, je fais cela, je vis comme cela. Je vous ai prié d'indiquer des occupations peu absorbantes, parce que la pensée réclame de larges tranches de temps. Absolvant le poète, ces balançoires matérielles se font aimer. Je suis à Paris : il me faut une *économie* positive! Vous ne trouvez pas cela sincère. Moi, ça me semble si étrange qu'il me faille vous protester de mon sérieux!

---

1. Où il a passé 15 jours en 1871, 25 février-10 mars. Cf. lettre du 17 avril 1871. Son correspondant lui avait conseillé de chercher une situation.

J'avais eu l'idée ci-dessous : la seule qui me parût raisonnable : je vous la rends sous d'autres formes. J'ai bonne volonté, je fais ce que je puis, je parle aussi compréhensiblement qu'un malheureux ! Pourquoi tancer l'enfant qui, non doué de principes zoologiques, désirerait un oiseau à cinq ailes ? On le ferait croire aux oiseaux à six queues, ou à trois becs ! On lui prêterait un Buffon de familles ! ça le déleurrerait.

Donc, ignorant de quoi vous pourriez m'écrire, je coupe les explications... [*mots illisibles*][1]... à me fier à vos expériences, à votre obligeance que j'ai bien bénie en recevant votre livre, et je vous engage un peu à partir de mes idées, — s'il vous plaît...

Recevriez-vous sans trop d'ennui des échantillons de mon travail ?

A. RIMBAUD.

1. Peut être : résolu, décidé.

III

1872

LE MALADE

(Les Illuminations)[1].

Lettre de juin 1872 à Ernest Delahaye.

1. Rimbaud a séjourné à Paris de septembre 1871 à fin mars 1872, puis il y est revenu de mai à juillet 1872. Verlaine et lui passèrent en Belgique et en Angleterre le reste de l'année 1872.

14. A ERNEST DELAHAYE [1]

[A CHARLEVILLE]

[Paris, juin 1872].
Parmerde, Juinphe 72.

Mon ami,

Oui, surprenante est l'existence dans le cosmo-rama Arduan. La province, où on se nourrit de farineux et de boue, où l'on boit du vin du cru et de la bière du pays, ce n'est pas ce que je regrette. Aussi tu as raison de la dénoncer sans cesse. Mais ce lieu-ci : distillation, composition, tout étroitesses ; et l'été accablant : la chaleur n'est pas très amusante, mais de voir que le beau temps est dans les intérêts de chacun, et que chacun est un porc, je hais l'été, qui me tue quand il se

---

1. Publiée pour la première fois dans la *Nouvelle Revue Française* (octobre 1912) par Paterne Berrichon. — Verlaine avait rappelé Rimbaud à Paris en mai 1872, et c'est sans doute dans un état voisin de l'ivresse que celui-ci écrivit cette lettre à son ami Ernest Delahaye resté à Charleville. On y retrouve ses déformations de mots familières, ses sarcasmes orduriers, et ses grossièretés systématiques, encore accentués sous l'influence de l' « absomphe ». (Juinphe, Parmerde, absomphe, carolopomerdis, contemplostate, etc.). « Quelle anormale compétence dans la façon dont il encanaille les mots les plus bénins en leur forgeant des désinences incongrues !... » Cf. le développement de Jacques Rivière, sur *l'injure* et la *haine* de Rimbaud (*N. R. F.* juillet 1914).

manifeste un peu. J'ai une soif à craindre la gangrène : les rivières ardennaises et belges, les cavernes, voilà ce que je regrette.

Il y a bien ici un lieu de boisson que je préfère. Vive l'académie d'Absomphe, malgré la mauvaise volonté des garçons ! C'est le plus délicat et le plus tremblant des habits, que l'ivresse par la vertu de cette sauge des glaciers, l'absomphe ! Mais pour, après, se coucher dans la merde !

Toujours même geinte, quoi ! Ce qu'il y a de certain, c'est : merde à P...[1] Et au comptoir de l'Univers[2], qu'il soit en face du square[3] ou non. Je ne maudis pas l'Univers, pourtant. — Je souhaite très fort que l'Ardenne soit occupée et pressurée[4] de plus en plus immodérément. Mais tout cela est encore ordinaire.

Le sérieux, c'est qu'il faut que tu te tourmentes beaucoup ! Peut-être que tu aurais raison de beaucoup marcher et lire. Raison en tout cas de ne pas te confiner dans les bureaux et maisons de famille. Les abrutissements doivent s'exécuter loin de ces lieux-là. Je suis loin de vendre du baume, mais je crois que les habitudes n'offrent pas des consolations, aux pitoyables jours.

---

1. Perrin, un camarade de Charleville ?
2. Café de Charleville.
3. Square de la gare « aux mesquines pelouses », raillé dans le poème : *A la musique*.
4. Par les troupes allemandes, les « Prussmans » comme il dit dans la lettre suivante.

Maintenant c'est la nuit que je travaince. De minuit à cinq heures du matin. Le mois passé, ma chambre, rue Monsieur-le-Prince, donnait sur un jardin du lycée Saint-Louis. Il y avait des arbres énormes sous ma fenêtre étroite. A trois heures du matin, la bougie pâlit : tous les oiseaux crient à la fois dans les arbres : c'est fini. Plus de travail. Il me fallait regarder les arbres, le ciel, saisis par cette heure indicible, première du matin. Je voyais les dortoirs du lycée, absolument sourds. Et, déjà, le bruit saccadé, sonore, délicieux des tombereaux sur les boulevards. — Je fumais ma pipe-marteau, en crachant sur les tuiles, car c'était une mansarde, ma chambre. A cinq heures, je descendais à l'achat de quelque pain ; c'est l'heure. Les ouvriers sont en marche partout. C'est l'heure de se soûler chez les marchands de vin, pour moi. Je rentrais manger, et me couchais à sept heures du matin, quand le soleil faisait sortir les cloportes de dessous les tuiles. Le premier matin, en été, et les soirs de décembre, voilà ce qui m'a ravi toujours ici.

Mais en ce moment, j'ai une chambre jolie, sur une cour sans fond, mais de trois mètres carrés. — La rue Victor Cousin fait coin sur la place de la Sorbonne par le café du Bas-Rhin et donne sur la rue Soufflot, à l'autre extrémité. — Là, je bois de l'eau toute la nuit, je ne vois pas le matin, je ne dors pas, j'étouffe. Et voilà.

Il sera certes fait droit à ta réclamation !

75

N oublie pas de chier sur *La Renaissance* [1], journal littéraire et artistique, si tu le rencontres. J'ai évité jusqu'ici les pestes d'émigrés carolopomerdis [2]. Et merde aux saisons et cobrage.

Courage

J.-A. R.

rue Victor Cousin, hôtel de Cluny.

---

1. *La Renaissance littéraire*, revue dirigée successivement par Jean Aicard et Emile Blémont, qui allait publier, dans son numéro du 14 septembre 1872, *Les Corbeaux* de Rimbaud.
2. Ses compatriotes, originaires de Charleville (Carolopolitains), établis à Paris.

IV

1873-1875

LE MAUDIT

(Une Saison en enfer) [1] 1873.

1. Rimbaud passa à Roche (arrondissement de Vouziers, Ardennes), dans la ferme de sa mère, le printemps et l'été 1873. C'est là qu'il prépara *Une Saison en enfer*. Son séjour à la campagne fut seulement interrompu par la fugue avec Verlaine (24 mai-8 juillet) qui se termina par le drame de Bruxelles.

15. A ERNEST DELAHAYE[1]

[A CHARLEVILLE]

Laïtou, (Roche) (canton d'Attigny)
Mai 73.

Cher ami, tu vois mon existence actuelle dans l'aquarelle ci-dessous.

O Nature ! ô ma mère !

[DESSIN A LA PLUME :]

[Dans le ciel, un petit bonhomme avec une bêche en ostensoir et ces mots lui sortant de la bouche : « Ô nature, ô ma sœur ! » — Par terre, un bonhomme plus grand, en sabots, une pelle à la main, coiffé d'un bonnet de coton, dans un paysage de fleurs, d'herbes, d'arbres. Dans l'herbe, une oie avec ces mots lui sortant du bec : « Ô nature, ô ma tante ! »][2]

Quelle chierie ! et quels monstres d'innocince *(sic)*, ces paysans. Il faut, le soir, faire deux lieues, et plus, pour boire un peu. La *mother* m'a mis là dans un triste trou.

---

1. Publiée pour la première fois dans la *Nouvelle Revue Française* (juillet 1914) par Paterne Berrichon.
2. Les descriptions placées entre crochets sont de P. Berrichon.

[Le hameau de Roche, vu de la maison où a été écrite
la *Saison en Enfer* et où les exemplaires de la brochure
livrés par l'imprimeur ont été détruits. En bas du
dessin, ces mots : « Laïtou, mon village. »]

Je ne sais comment en sortir : j'en sortirai
pourtant. Je regrette cet atroce Charlestown[1],
l'Univers[2], la Bibliothè., etc... Je travaille pourtant assez régulièrement ; je fais des petites
histoires en prose, titre général : Livre païen, ou
Livre nègre. C'est bête et innocent. O innocence !
innocence ; innocence, innoc... fléau ![3]

Verlaine doit t'avoir donné la malheureuse
commission de parlementer avec le sieur Devin,
imprimeux *(sic)* du Nôress[4]. Je crois que ce
Devin pourrait faire le livre de Verlaine[5] à assez
bon compte et presque proprement. (S'il n'em-
ploie pas les caractères emmerdés du Nôress. Il
serait capable d'en coller un cliché, une
annonce !)

Je n'ai rien de plus à te dire, la contemplostate
de la Nature m'absorculant tout entier : Je suis à
toi, ô Nature, ô ma mère !

1. Charleville.
2. Le Café de l'Univers.
3. C'est un des thèmes fondamentaux d'une *Saison en enfer*, qu'il
est précisément en train d'écrire (Livre païen ou Livre nègre).
4. Le *Nord-Est*, journal de Deverrière (prononciation ardennaise).
5. *Les Romances sans paroles*.

Je te serre les mains, dans l'espoir d'un revoir que j'active autant que je puis.

R.

Je rouvre ma lettre. Verlaine doit t'avoir proposé un rendez-vol au dimanche 18, à Bouillon. Moi je ne puis y aller. Si tu y vas, il te chargera probablement de quelques fraguements *(sic)* en prose de moi ou de lui, à me retourner[1].

La mère Rimb. retournera à Charlestown dans le courant de Juin. C'est sûr, et je tâcherai de rester dans cette jolie ville quelque temps.

Le soleil est accablant et il gèle le matin. J'ai été avant-hier voir les Prussmans à Vouziers, une sous-préfecture de 10 000 âmes, à sept kilom. d'ici. Ça m'a ragaillardi.

Je suis abominablement gêné. Pas un livre. Pas un cabaret à portée de moi, pas un incident dans la rue. Quelle horreur que cette campagne française. Mon sort dépend de ce livre[2] pour lequel une demi-douzaine d'histoires atroces sont

1. La rencontre aura lieu le 24 mai à Bouillon, et c'est de là que les deux poètes repartiront pour l'Angleterre, d'où ils reviendront en juillet pour se séparer après le drame de Bruxelles.
2. Rimbaud, comme on le voit, attache une importance capitale à la composition et à la publication de sa *Saison en enfer*. Trois mois plus tard, il s'en désintéressera complètement. Il aura dépouillé l'homme de lettres.

encore à inventer. Comment inventer des atrocités ici ? Je ne t'envoie pas d'histoires, quoique j'en aie déjà trois[1], *ça*[2] *coûte tant !* Enfin voilà !

Bon revoir, tu verras ça,

RIMB.

Prochainement je t'enverrai des timbres pour m'acheter et m'envoyer le *Faust* de *Gœthe*, biblioth. populaire. Ça doit coûter un sou de transport.

Dis-moi s'il n'y a pas de traduction de Shakespeare dans les nouveaux livres de cette biblioth.

Si même tu peux m'en envoyer le catalogue le plus nouveau, envoie.

R.

1. « Une demi-douzaine » d'histoires à inventer, trois déjà écrites : *Une Saison en enfer* comprend en effet neuf chapitres.
2. Le port de l'envoi par la poste. Rimbaud est laissé par sa mère sans un sou, comme d'habitude.

16. A PAUL VERLAINE[1]
[A BRUXELLES]

Londres, Vendredi après-midi
[4 juillet 1873]

Reviens, reviens, cher ami, seul ami, reviens. Je te jure que je serai bon. Si j'étais maussade avec toi, c'est une plaisanterie où je me suis entêté ; je m'en repens plus qu'on ne peut dire. Reviens, ce sera bien oublié. Quel malheur que tu aies cru à cette plaisanterie ! Voilà deux jours que je ne cesse de pleurer. Reviens. Sois courageux, cher ami. Rien n'est perdu. Tu n'as qu'à refaire le voyage. Nous revivrons ici bien courageusement, patiemment. Ah ! je t'en supplie. C'est ton bien d'ailleurs. Reviens, tu retrouveras toutes tes affaires. J'espère que tu sais bien à présent qu'il n'y avait rien de vrai dans notre discussion.

---

1. Publiée pour la première fois par la revue belge : *Nord* (novembre 1930) avec les autres documents extraits par M. Maurice Dullaert du dossier de l'instruction judiciaire. (A la suite d'une dispute, Verlaine vient de quitter Rimbaud, le laissant sur le pavé de Londres sans un penny, pour aller, dit-il, retrouver sa femme qu'il a convoquée à Bruxelles et dont il espère réconciliation et pardon.) Cette lettre ne laisse plus aucun doute sur le caractère des relations de Verlaine et de Rimbaud, en dépit de leurs dénégations devant la justice.

L'affreux moment! Mais toi, quand je te faisais signe de quitter le bateau, pourquoi ne venais-tu pas? Nous avons vécu deux ans ensemble pour arriver à cette heure-là! Que vas-tu faire? Si tu veux ne pas revenir ici, veux-tu que j'aille te trouver où tu es?

Oui, c'est moi qui ai eu tort.

Oh! tu ne m'oublieras pas, dis?

Non, tu ne peux m'oublier

Moi, je t'ai toujours là

Dis, réponds à ton ami. Est-ce que nous ne devons plus vivre ensemble. Sois courageux. Réponds-moi vite. Je ne puis rester ici plus longtemps. N'écoute que ton bon cœur.

Vite, dis si je dois te rejoindre.

A toi toute la vie

RIMBAUD.

Vite, réponds, je ne puis rester ici plus tard que lundi soir. Je n'ai pas encore un penny; je ne puis mettre ça à la poste. J'ai confié à Vermersch[1] tes livres et tes manuscrits.

Si je ne dois plus te revoir, je m'engagerai dans la marine ou l'armée. O reviens, à toutes les heures je te pleure. Dis-moi de te retrouver, j'irai,

---

1. Vermersch et les milieux communards de Londres.

dis-le-moi, télégraphie-moi. Il faut que je parte lundi soir. Où vas-tu, que veux-tu faire ?

Cher ami,

J'ai ta lettre datée « en mer » [1]. Tu as tort, cette fois, et très tort. D'abord rien de positif dans ta lettre. Ta femme ne viendra pas ou viendra dans trois mois, que sais-je ? Quant à claquer, je te connais. Tu vas donc, en attendant ta femme et ta mort, te démener, errer, ennuyer des gens. Quoi, toi, tu n'as pas encore reconnu que les colères étaient aussi fausses d'un côté que de l'autre ! Mais c'est toi qui aurais les derniers torts, puisque, même après que je t'ai rappelé, tu as persisté dans tes faux sentiments. Crois-tu que ta vie sera plus agréable avec d'autres qu'avec moi : *RÉFLÉCHIS-Y !* — Ah ! certes non !

Avec moi seul tu peux être libre et, puisque je te jure d'être très gentil à l'avenir, que je déplore toute ma part de torts, que j'ai enfin l'esprit net, que je t'aime bien, si tu ne veux pas revenir, dis

---

1. Cette lettre survenant au moment où Rimbaud a achevé la sienne, le lendemain sans doute, provoque une seconde partie, d'un ton tout différent. Il ne s'accuse plus, il raille et menace Verlaine. Celui-ci avait écrit, en termes d'ailleurs fort crus : « Je tiens à te confirmer que si d'ici à trois jours je ne suis pas r' avec ma femme, dans des conditions parfaites, je me brûle la gueule... etc. » Rimbaud, qui le connaît bien, n'en croit rien et le lui dit sans ambages : il lui rappelle ce qu'il lui doit. Le début de cette double épître est d'un suppliant, la fin est d'un maître chanteur.

que je te rejoigne. Tu fais un crime et *TU T'EN REPENTIRAS DE LONGUES ANNÉES PAR LA PERTE DE TOUTE LIBERTÉ ET DES ENNUIS PLUS ATROCES* peut-être que tous ceux que tu as éprouvés. Après ça, repense à ce que tu étais avant de me connaître.

Quant à moi, je ne rentrerai pas chez ma mère. Je vais à Paris, je tâcherai d'être parti lundi soir. Tu m'auras forcé à vendre tous tes habits, je ne puis faire autrement. Ils ne sont pas encore vendus ; ce n'est que lundi matin qu'on me les emporterait. Si tu veux m'adresser des lettres à Paris, envoie à L. Forain, 289, rue Saint-Jacques, pour A. Rimbaud.

Certes, si ta femme revient, je ne te compromettrai pas en t'écrivant. Je n'écrirai jamais.

Le seul vrai mot, c'est : reviens, je veux être avec toi, je t'aime. Si tu écoutes cela, tu montreras du courage et un esprit sincère. Autrement, je te plains. Mais je t'aime, je t'embrasse et nous nous reverrons.

RIMBAUD.

8, Great Colle, etc[1], jusqu'à lundi soir, ou mardi à midi si tu m'appelles.

---

1. Great College Street. C'est là que tous deux habitaient à la fin de juin 1873 chez une Mrs Smith à qui Verlaine écrit de Bruxelles pour la prier de garder ses bagages et ses vêtements jusqu'à son retour. Mais la lettre à la logeuse arrive trop tard, comme le prouve la lettre suivante de Rimbaud. Celui-ci, avec son cynisme et sa désinvolture habituels, a vendu presque toutes les « affaires » de Verlaine pour « faire de l'argent ».

17. A PAUL VERLAINE[1]

[A BRUXELLES]

[Londres] Lundi midi
[7 juillet 1873].

Mon cher ami,

J'ai vu la lettre que tu as envoyée à Mme Smith[2]. C'est malheureusement trop tard. Tu veux revenir à Londres! Tu ne sais pas comme tout le monde te recevrait. Et la mine que me feraient Andrieux et autres s'ils me revoyaient avec toi. Néanmoins je serai très courageux. Dis-moi ton idée bien sincère. Veux-tu retourner à Londres pour moi? Et quel jour? Est-ce ma lettre qui te conseille[3]? Mais il n'y a plus rien dans ta chambre. Tout est vendu sauf un paletot. J'ai eu deux livres dix. Mais le linge est encore chez la blanchisseuse et j'ai conservé un tas de choses pour moi : cinq gilets, toutes les chemises, deux caleçons, cols, gants et TOUTES les chaussures. Tous les livres et manuss sont en sûreté. En

1. Publiée pour la première fois par la revue : *Nord* (novembre 1930).
2. La logeuse de Verlaine.
3. La lettre précédente des 4 et 5 juillet 1873.

87

somme il n'y a de vendus que tes pantalons, noir
et gris, un paletot et un gilet, le sac et la boîte à
chapeau. Mais pourquoi ne m'écris-tu pas à moi ?
Oui, cher petit, je vais rester une semaine encore.
Et tu viendras, n'est-ce pas ? Dis-moi la vérité. Tu
aurais donné une marque de courage. J'espère
que c'est vrai. Sois sûr de moi, j'aurai très bon
caractère. A toi, je t'attends[1].

RIMB.

---

1. Verlaine ne se tue pas, bien que le délai fixé pour l'arrivée de sa
femme soit expiré. Il songe plutôt à s'enrôler en Espagne contre Don
Carlos, mais au lieu de revenir voir Rimbaud à Londres, il se décide
à l'appeler à Bruxelles par un télégramme du 8 juillet. « Volontaire
Espagne, viens ici, hôtel Liégeois, blanchisseuse, manuscrits si
possible. »

18. AU JUGE D'INSTRUCTION DE BRUXELLES

[DÉPOSITION D'ARTHUR RIMBAUD SUR LE DRAME DE BRUXELLES (12 juillet 1873)] [1]

« J'ai fait, il y a deux ans environ, la connaissance de Verlaine à Paris. L'année dernière, à la suite de dissentiments avec sa femme et la famille de celle-ci, il me proposa d'aller avec lui à l'étranger, nous irions gagner notre vie d'une manière ou d'autre, car moi je n'ai aucune fortune personnelle et Verlaine n'a que le produit de son travail et quelque argent que lui donne sa mère ; nous sommes venus ensemble à Bruxelles au mois de juillet de l'année dernière, nous y avons séjourné pendant deux mois environ ; voyant qu'il n'y avait rien à faire pour nous dans cette ville, nous sommes allés à Londres. Nous y avons vécu ensemble jusque dans ces derniers temps, occupant le même logement et mettant

---

1. Extrait du dossier du Procès de Bruxelles. Déposition publiée pour la première fois par E. Lepeletier, *Paul Verlaine*, Paris, 1907. Cette déposition n'a pas été écrite de la main de Rimbaud. Seule la suivante, du 19 juillet, est autographe.

tout en commun. A la suite d'une discussion que nous avons eue au commencement de la semaine dernière, discussion née de reproches que je lui faisais sur son indolence et sa manière d'agir à l'égard de personnes de nos connaissances[1], Verlaine me quitta presque à l'improviste sans même me faire connaître le lieu où il se rendait : je supposai cependant qu'il se rendait à Bruxelles ou qu'il y passerait, car il avait pris le bateau d'Anvers. Je reçus ensuite de lui une lettre datée « en mer », que je vous remettrai, dans laquelle il m'annonçait qu'il allait rappeler sa femme auprès de lui et que, si elle ne répondait pas à son appel, dans trois jours il se tuerait. Il me disait aussi de lui écrire poste restante à Bruxelles ; je lui écrivis ensuite deux lettres dans lesquelles je lui demandai de revenir à Londres ou de consentir à ce que j'allasse le rejoindre à Bruxelles ; c'est alors qu'il m'envoya un télégramme pour venir ici à Bruxelles, je désirais nous réunir de nouveau, parce que nous n'avions aucun motif de nous séparer[2].

Je quittai donc Londres, j'arrivai à Bruxelles

1. La version de Rimbaud ici diffère légèrement du récit que Verlaine a fait à son ami Emile Le Brun et de l'explication d'Ernest Dalahaye.
2. Ceci ne donne pas la note exacte. L'empressement de Rimbaud à venir retrouver Verlaine s'explique aussi par des raisons budgétaires : il n'a pas un sou et veut rentrer en France. Cf. ses deux lettres du 4 et du 7 juillet.

mardi matin et je rejoignis Verlaine[1]. Sa mère était avec lui ; il n'avait aucun projet déterminé, il ne voulait pas rester à Bruxelles parce qu'il craignait qu'il n'y eût rien à faire dans cette ville ; moi, de mon côté, je ne voulais pas consentir à retourner à Londres, comme il me le proposait, parce que notre départ devait avoir produit un trop fâcheux effet dans l'esprit de nos amis, et je résolus de retourner à Paris ; tantôt Verlaine manifestait l'intention de m'y accompagner, pour y aller, comme il disait, faire justice de sa femme et de ses beaux-parents ; tantôt il refusait de m'accompagner parce que Paris lui rappelait de trop tristes souvenirs ; il était dans un état d'exaltation très grande. Cependant il insistait beaucoup auprès de moi pour que je restasse avec lui ; tantôt il était désespéré, tantôt il entrait en fureur ; il n'y avait aucune suite dans ses idées. Mercredi soir, il but outre mesure et s'enivra. Jeudi matin, il sortit à six heures ; il ne rentra que vers midi, il était de nouveau en état d'ivresse ; il me montra un pistolet qu'il avait acheté et quand je lui demandai ce qu'il comptait en faire, il répondit en plaisantant : « C'est pour vous, pour moi, pour tout le monde ! » Il était fort surexcité.

1. A l'hôtel Liégeois, rue Pachéco, non loin du jardin botanique et de la gare du Nord, où Verlaine et sa mère étaient installés depuis le 4 juillet. Tous trois émigrèrent le 8 juillet à l'Hôtel de la Ville de Courtrai, 1, rue des Brasseurs, près de la Grand-Place.

Pendant que nous étions ensemble dans notre chambre, il descendit encore plusieurs fois pour boire des liqueurs; il voulait toujours m'empêcher d'exécuter mon projet de retourner à Paris. Je restai inébranlable, je demandai même de l'argent à sa mère pour faire le voyage; alors, à un moment donné, il ferma à clef la porte de la chambre donnant sur le palier et il s'assit sur une chaise contre cette porte; j'étais debout adossé contre le mur d'en face; il me dit alors : « Voilà pour toi, puisque tu pars! » ou quelque chose dans ce sens; il dirigea son pistolet sur moi et m'en lâcha un coup qui m'atteignit au poignet gauche; le premier coup fut presque instantanément suivi d'un second, mais cette fois l'arme n'était plus dirigée contre moi, mais abaissée vers le plancher.

Verlaine exprima immédiatement le plus vif désespoir de ce qu'il avait fait; il se précipita dans la chambre contiguë occupée par sa mère, et se jeta sur le lit; il était comme fou, il me mit son pistolet entre les mains et m'engagea à le lui décharger sur la tempe; son attitude était celle d'un profond regret de ce qui était arrivé; vers cinq heures du soir, sa mère et lui me conduisirent ici [1] pour me faire panser. Revenus à l'hôtel, Verlaine et sa mère me proposèrent de rester avec eux, pour me soigner ou de retourner à

1. A l'infirmerie de l'hôpital Saint-Jean, à Bruxelles.

l'hôpital jusqu'à guérison complète ; la blessure me paraissant peu grave, je manifestai l'intention de me rendre le soir même en France, à Charleville, auprès de ma mère. Cette nouvelle jeta Verlaine dans le désespoir ; sa mère me remit vingt francs pour faire le voyage et ils sortirent avec moi pour m'accompagner à la gare du Midi.

Verlaine était comme fou ; il mit tout en œuvre pour me retenir, d'autre part il avait constamment la main dans la poche de son habit où était son pistolet. Arrivés à la place Rouppe, il nous devança de quelques pas et puis il revint sur moi ; son attitude me faisait craindre qu'il ne se livrât à de nouveaux excès ; je me retournai et je pris la fuite en courant ; c'est alors que je priai un agent de police de l'arrêter. La balle dont j'ai été atteint à la main n'est pas encore extraite ; le docteur d'ici m'a dit qu'elle ne pourrait l'être que dans deux ou trois jours.

« D. — De quoi viviez-vous à Londres ?

« R. — Principalement de l'argent que Mme Verlaine envoyait à son fils ; nous avions aussi des leçons de français que nous donnions ensemble, mais ces leçons ne nous rapportaient pas grand-chose, une douzaine de francs par semaine, vers la fin.

« D. — Connaissez-vous le motif des dissentiments de Verlaine et de sa femme ?

« R. — Verlaine ne voulait pas que sa femme continuât d'habiter chez son père.

« D. — N'invoque-t-elle pas aussi comme grief votre intimité avec Verlaine ?

« R. — Oui, elle nous accuse même de relations immorales. Mais je ne veux pas même me donner la peine de démentir de pareilles calomnies. »

Lecture faite, persiste et signe

A. RIMBAUD [1].

1. Cette déposition a été recueillie à l'hôpital Saint-Jean, le 12 juillet, c'est-à-dire deux jours après le drame, par le juge d'instruction. Elle est suivie et confirmée par deux autres dépositions plus courtes, l'une du 18 juillet, également publiée par Edmond Lepelletier, dans son *Paul Verlaine* ('90⁷), l'autre du 19 juillet, publiée par Paterne Berrichon dans son *Jean-Arthur Rimbaud, Le poète* (1912), p. 259. Cette dernière, portée spontanément au juge d'instruction par Rimbaud, la veille de son départ pour la France, tend à excuser Verlaine et à le laver de toute préméditation et se termine par la phrase suivante : « Je déclare... consentir à ma renonciation pure et simple à toute action criminelle, correctionnelle et civile et me désister dès aujourd'hui des bénéfices de toute poursuite qui serait ou pourrait être intentée par le Ministère Public contre M. Verlaine pour le fait dont s'agit. A. RIMBAUD Samedi, 19 juillet 1973. » Cette déposition (n° 18 du dossier) porte en marge, de la main du magistrat instructeur, la note suivante : « Cette pièce nous a été remise dans notre cabinet par M. Rimbaud. Le juge d'instruction : Th. T'Serstevens. » Elle a été publiée par la revue *Nord* (nov. 1930), p. 344, et bien qu'elle soit autographe, je ne juge pas nécessaire de la reproduire ici, car elle est très brève, probablement dictée par la défense et n'ajoute rien à la longue déposition verbale enregistrée plus haut.

19. A ERNEST DELAHAYE[1]

[Stuttgart] Février 75.

Verlaine est arrivé ici[2] l'autre jour, un chapelet aux pinces... Trois heures après on avait renié son dieu et fait saigner les 98 plaies de N. S. Il est resté deux jours et demi, fort raisonnable et sur ma remonstration s'en est retourné à Paris, pour, de suite, aller finir d'étudier *là-bas dans l'île*[3]

Je n'ai plus qu'une semaine de Wagner[4] et je regrette cette argent *(sic)* payant de la haine, tout ce temps foutu à rien. Le 15[5] j'aurai Ein Freundliches Zimmer[6] n'importe où, et je fouaille la langue avec frénésie, tant et tant que j'aurai fini dans deux mois au plus.

Tout est assez inférieur ici — j'excèpe *(sic)* un : Riessling, dont j'en vite un ferre en vâce des

1. Publiée pour la première fois dans la *Nouvelle Revue Française* (juillet 1914) par Paterne Berrichon.

2. A Stuttgart où Rimbaud était arrivé le 13 février 1875.

3. En Angleterre. « Mais le Père est là-bas dans l'île... »

4. C'est sans doute le nom du médecin chez qui il donne des leçons.

5. Le 15 mars.

6. Une agréable chambre, indépendante et non plus dans une famille

gôdeaux gui l'onh fu naîdre, à ta sandé imperbé-
dueuse[1]. Il soleille et gèle, c'est tannant.

(Après le 15, Poste restante Stuttgart)

A toi

RIMB

[DESSIN A LA PLUME[2] :]

[En haut de la lettre, à gauche, une maison de quatre
étages protégée par une clôture et entourée d'arbustes,
une voiture, d'où sort un petit bonhomme empressé,
arrêtée devant ; sous le tout, en biais, ces mots . *Wagner
verdammt in Ewigkeit!* expectorés par un personnage
fantastique occupant toute la marge de gauche.

Au bas de la lettre un paysage de ville où se voient, à
gauche, des pieux et des bouteilles formant oriflammes,
sur lesquels sont écrits ces mots *Riessling, Fliegende
blätter;* et, de gauche à droite, une espèce de cirque
avec, en dessous, des sortes de montagnes et, encore en
dessous, ces mots : *vieille ville;* puis des maisons avec
des squares, des arbres, un tramway qui roule vers le
haut et en tournant, et, encore plus haut, des étoiles et
un croissant noir. Tout ce fouillis parsemé de *Riess,
Riessling* en lettres capitales.]

---

1. Parodie de l'accent qu'ont ses élèves en français.
2. Description de Paterne Berrichon.

20. A SA MÈRE

[Stuttgart] 17 mars 1875.

Mes chers parents,

Je n'ai pas voulu écrire avant d'avoir une nouvelle adresse. Aujourd'hui j'accuse réception de votre dernier envoi, de 50 francs. Et voici le modèle de suscription des lettres à mon adresse

Wurtemberg

Monsieur Arthur Rimbaud
2, Marien Strasse, 3 tr.

STUTTGART.

« 3 tr. » signifie 3e étage.

J'ai là une très grande chambre, fort bien meublée, au centre de la ville, pour dix florins, c'est-à-dire 21 fr. 50, le service compris : et on m'offre la pension pour 60 francs par mois : je n'en ai pas besoin d'ailleurs, c'est toujours tricherie et assujettissement, ces petites combinaisons, quelque économiques qu'elles paraissent. Je m'en vais donc tâcher d'aller jusqu'au 15 avril avec ce qui me reste (encore 50 francs) parce que j'aurai encore besoin d'avances à cette date-là : car, ou je dois rester encore un mois pour me mettre bien en train, ou j'aurai fait des annonces pour des placements dont la poursuite (le voyage par ex.) demandera quelque argent.

J'espère que tu trouveras cela modéré et raisonnable. Je tâche de m'infiltrer les manières d'ici par tous les moyens possibles, je tâche de me renseigner ; quoiqu'on ait réellement à souffrir de leur genre. Je salue l'armée [1], j'espère que Vitalie et Isabelle [2] vont bien ; je prie que l'on m'avertisse si l'on désire quelque chose d'ici et suis votre dévoué

A. RIMBAUD.

1. Son frère aîné Frédéric Rimbaud qui accomplissait son service militaire.
2. Ses sœurs : Vitalie mourut non mariée, Isabelle (née en 1860) épousa plus tard Paterne Berrichon et consacra à la mémoire du poète plusieurs études : *Rimbaud mystique*, Mercure de France, 16 juin 1914 ; *Mon Frère Arthur*, Bloch, 1921. Cf. ses *Reliques*, Mercure de France, 1922.

21. A ERNEST DELAHAYE[1]

[A RETHEL]

[Charleville], 14 8bre 75.

Cher ami,

Reçu le Postcard et la lettre de V.[2] il y a huit jours. Pour tout simplifier, j'ai dit à la Poste d'envoyer ses restantes[3] chez moi de sorte que tu peux écrire ici, si encore rien aux restantes. Je ne commente pas les dernières grossièretés du Loyola[4], et je n'ai plus d'activité à me donner de ce côté-là[5] à présent, comme il paraît que la 2e « portion » du « contingent » de la classe 74 va-t-être appelée le trois novembre suiv^{nt} ou prochain[6]... la chambrée de nuit :

1. Publiée pour la première fois dans *La Nouvelle Revue Française* (juillet 1914).

2. Verlaine est alors retourné en Angleterre.

3. Pour éviter toute explication avec sa mère, Rimbaud s'était fait jusqu'alors adresser sa correspondance, soit chez des amis comme Bretagne ou Deverrière, soit chez d'autres intermédiaires, soit poste restante. Mais il se lasse de ces combinaisons qui ne sont pas sans inconvénient (voir le post-scriptum de sa lettre sur ce qu'il appelle la correspondance « en passepoil »).

4. Allusion aux récentes poésies chrétiennes de Verlaine (*Cellulairement*, ébauche de *Sagesse*, *Liturgies intimes*).

5. Du côté de la littérature.

6. Rimbaud fut exempté par son frère Frédéric dont le service de cinq ans n'était pas encore terminé à cette date.

« Rève »

On a faim dans la chambrée —
    C'est vrai...
Emanations, explosions,
  Un génie : Je suis le gruère[1] !
  Lefebvre : Keller !
  Le génie : Je suis le Brie !
Les soldats coupent sur leur pain :
    C'est la Vie !
  Le génie — Je suis le Roquefort !
      — Ça s'ra not' mort...
      — Je suis le gruère
        Et le brie... etc.

Valse

On nous a joints, Lefebvre et moi, etc.

De telles préoccupations ne permettent que de s'y absorbère. Cependant renvoyer obligeamment selon les occases les « Loyolas »[2] qui rappliqueraient.

Un petit service : veux-tu me dire précisément et concis — en quoi consiste le « bachot » ès-sciences actuel, partie classique, et mathém., etc. — Tu me dirais le point de chaque partie que l'on doit atteindre : mathém., phys., chim, etc. et

---

1. Prononciation ardennaise.
2. Les lettres ou les vers de Verlaine.

alors des titres immédiats, et le moyen de se procurer des livres employés dans ton collège[1] par ex. pour ce Bachot à moins que ça ne change aux diverses universités : en tous cas de professeurs ou d'élèves compétents, t'informer à ce point de vue que je te donne. Je tiens surtout à des choses précises, comme il s'agirait de l'achat de ces livres prochainement. Instruct militaire et « Bachot », tu vois, me feraient deux ou trois agréables saisons[2]. Au diable d'ailleurs ce « gentil labeur. » Seulement sois assez bon pour m'indiquer le plus mieux possible la façon comment on s'y met.

Ici rien de rien.

— J'aime à penser que le Petdeloup et les gluants pleins d'abricots patriotiques ou non ne te donnent pas plus de distraction qu'il ne t'en faut. Au moins ça ne « chlingue pas la neige, comme ici. »

A toi « dans la mesure de mes faibles forces. »

Tu écris ?

A. RIMBAUD.

31, rue Saint-Barthélemy
Charleville (Ardennes) va sans dire.

1. Collège Notre-Dame de Rethel où Delahaye fut professeur de lettres et le prédécesseur immédiat de Verlaine.
2. Rimbaud qui, malgré les insistances de M. Izambard, s'était refusé en 1871 à préparer le baccalauréat (cf. lettre du 17 avril 1871) semble avoir changé d'avis et envisager sans trop de déplaisir une corvée qui lui faciliterait l'accès d'une carrière.

P.-S. La corresp : « en passepoil » arrive à ceci que le « Némery »[1] avait confié les journaux du Loyola à un agent de police pour me les porter !

1. Hémery, camarade de collège, plus tard secrétaire de la mairie de Charleville.

2

*Lettre de Rimbaud
sur son voyage en Abyssinie*

M. RIMBAUD AU HARRAR
ET AU CHOA

M. Rimbaud, le voyageur français bien connu, dont nous avons annoncé l'arrivée au Caire, nous adresse la lettre suivante qui présente un puissant intérêt et des renseignements complètement inédits sur le Harrar et le Choa.

M. le Directeur du *Bosphore égyptien* [1].

Monsieur,

De retour d'un voyage en Abyssinie et au Harrar, je me suis permis de vous adresser les quelques notes suivantes sur l'état actuel des choses dans cette région. Je pense qu'elles contiennent quelques renseignements inédits et quant aux opinions y énoncées, elles me sont suggérées par une expérience de sept années de séjour là-bas.

Comme il s'agit d'un voyage circulaire entre Obok, le Choa, Harrar et Zeilah, permettez-moi d'expliquer que je descendis à Tadjourah au commencement de l'an passé dans le but d'y former une caravane à destination du Choa.

1. Lettre adressée au directeur du journal *Le Bosphore égyptien*, parue dans les numéros des 25 et 27 août 1887.

Ma caravane se composait de quelques milliers de fusils à capsules et d'une commande d'outils et fournitures diverses pour le roi Ménélik. Elle fut retenue une année entière à Tadjourah par les Dankalis[1], qui procèdent de la même manière avec tous les voyageurs, ne leur ouvrant leur route qu'après les avoir dépouillés de tout le possible. Une autre caravane, dont les marchandises débarquèrent à Tadjourah avec les miennes, n'a réussi à se mettre en marche qu'au bout de quinze mois et les mille Remington apportés par feu Soleillet[2] à la même date gisent encore après dix-neuf mois sous l'unique bosquet de palmiers du village.

A six courtes étapes de Tadjourah, soit environ soixante km., les caravanes descendent au lac salé[3] par des routes horribles rappelant l'horreur *(sic)* présumée des paysages lunaires. Il paraît qu'il se forme actuellement une société française pour l'exploitation de ce sel.

Certes, le sel existe, en surfaces très étendues, et peut-être assez profondes, quoiqu'on n'ait pas fait de sondages. L'analyse l'aurait déclaré chimiquement pur, quoiqu'il se trouve déposé, sans filtrations, aux bords du lac. Mais il est fort à douter que la vente couvre les frais du percement

1. On trouve, au singulier, la forme *Danakil*.
2. Explorateur français, mort à Aden, le 9 septembre 1886, dont *l'Art vivant* reproduit la maison dessinée par Rimbaud.
3. Lac Assal.

d'une voie pour l'établissement d'un Decauville, entre la plage du lac et celle du golfe de Goubbett-Kérab, les frais de personnel et de main-d'œuvre, qui seraient excessivement élevés (tous les travailleurs devant être importés, parce que les Bédouins Dankalis ne travaillent pas) et l'entretien d'une troupe armée pour protéger les travaux.

Pour en revenir à la question des débouchés, il est à observer que l'importante saline de Cheikh Othman, faite près d'Aden, par une société italienne, dans des conditions exceptionnellement avantageuses, ne paraît pas encore avoir trouvé de débouché pour les montagnes de sel qu'elle a en stock.

Le ministère de la Marine a accordé cette concession aux pétitionnaires, personnes trafiquant autrefois au Choa, à condition qu'elles se procurent l'acquiescement des chefs intéressés de la côte et de l'intérieur. Le gouvernement s'est d'ailleurs réservé un droit par tonne, et a fixé une quotité pour l'exploitation libre par les indigènes. Les chefs intéressés sont : le sultan de Tadjourah, qui serait propriétaire héréditaire de quelques massifs de roches dans les environs du lac (il est très disposé à vendre ses droits) ; le chef de la tribu des Debné, qui occupe notre route, du lac jusqu'à Hérer, le sultan Loïta, lequel touche du Gouvernement français une paie mensuelle de cent cinquante thalers pour ennuyer le moins possible les voyageurs ; le sultan Hanfaré de l'Aoussa [1], qui peut trouver du sel ailleurs, mais qui prétend avoir le droit partout chez les Dankalis, et enfin Ménélik, chez qui la tribu des Debné et d'autres apportent annuellement quelques milliers de chameaux de ce sel, peut-être moins d'un millier de tonnes. Ménélik a réclamé au Gouvernement quand il a été averti des agissements de la société et du don de la concession. Mais la part réservée dans la concession suffit au trafic de la tribu des Debné et aux besoins culinaires du Choa, le sel en grains ne passant pas comme monnaie en Abyssinie.

Notre route est dite route Gobât, du nom de sa quinzième station, où paissent ordinairement les troupeaux des Debné, nos alliés. Elle compte environ vingt-trois étapes, jusqu'à Hérer, par les paysages les plus affreux de ce côté de l'Afrique. Elle est fort dangereuse par le fait que les Debné, tribus d'ailleurs des plus misérables, qui font les transports, sont éternellement en guerre à droite avec les tribus Moudeïtos et Assa-Imara et à gauche avec les Issas Somali.

Au Hérer, pâturages à une altitude d'environ 800 mètres, à environ soixante km. du pied du plateau des Itous Gallas, les Dankalis et les Issas paissent leurs troupeaux en état de neutralité généralement.

1. Lac Aoussa (ouest du lac Assal).

De Hérer on parvient à l'Hawach[1] en huit ou neuf jours. Ménélik a décidé d'établir un poste armé dans les plaines du Hérer pour la protection des caravanes ; ce poste se relierait avec ceux des Abyssins dans les monts Itous.

L'agent du roi au Harrar, le Dedjazmatche Mékounène[2], a expédié du Harrar au Choa par la voie de Hérer les trois millions de cartouches Remington et autres commissions que les commissaires anglais avaient fait abandonner au profit de l'Emir Abdoullahi[3] lors de l'évacuation égyptienne.

Toute cette route a été relevée astronomiquement pour la première fois, par M. Jules Borelli, en mai 1886, et ce travail est relié géodésiquement par la topographie, en sens parallèle des monts Itous, qu'il a faite dans son récent voyage au Harrar.

En arrivant à l'Hawach, on est stupéfait en se remémorant les projets de canalisation de certains voyageurs. Le pauvre Soleillet avait une embarcation spéciale en construction à Nantes dans ce but ! L'Hawach est une rigole tortueuse et obstruée à chaque pas par les arbres et les roches. Je l'ai passé en plusieurs points, à plu-

1. Rivière appelée aussi l'Ouache.
2. Plus tard, le râs Makonnen, père de négus Tafari, le souverain actuel d'Abyssinie couronné en décembre 1930.
3. Ou Abdullaï.

sieurs centaines de km., et il est évident qu'il est impossible de le descendre, même pendant les crues. D'ailleurs il est partout bordé de forêts et de déserts, éloigné des centres commerciaux et ne s'embranchant avec aucune route. Ménélik a fait faire deux ponts sur l'Hawach, l'un sur la route d'Antotto au Gouragné, l'autre sur celle d'Ankober au Harrar par les Itous. Ce sont de simples passerelles en troncs d'arbres, destinées au passage des troupes pendant les pluies et les crues, et néanmoins ce sont des travaux remarquables pour le Choa.

Tous frais réglés, à l'arrivée au Choa, le transport de mes marchandises, cent charges de chameau, se trouvait me coûter huit mille thalers, soit quatre-vingts thalers par chameau, sur une longueur de cinq cents kilom. seulement. Cette proportion n'est égalée sur aucune des routes de caravanes africaines; cependant je marchais avec toute l'économie possible et une très longue expérience de ces contrées. Sous tous les rapports, cette route est désastreuse, et est heureusement remplacée par la route de Zeilah au Harrar et du Harrar au Choa par les Itous.

Ménélik se trouvait encore en campagne au Harrar quand je parvins à Farré, point d'arrivée et de départ des caravanes et limite de la race Dankalie. Bientôt arriva à Ankober la nouvelle de la victoire du roi et de son entrée au Harrar et l'annonce de son retour, lequel s'effectua en une vingtaine de jours. Il entra à Antotto précédé de musiciens sonnant à tue-tête des trompettes égyptiennes trouvées au Harrar, et suivi de sa troupe et de son butin, parmi lequel deux canons Krupp transportés chacun par vingt hommes.

Ménélik avait depuis longtemps l'intention de s'emparer du Harrar, où il croyait trouver un arsenal formidable, et en avait prévenu les agents politiques français et anglais sur la côte. Dans les dernières années, les troupes abyssines rançonnaient régulièrement les Itous ; elles finirent par s'y établir. D'un autre côté, l'émir Abdullaï, depuis le départ de Radouan-Pacha avec les troupes égyptiennes, s'organisait une petite armée et rêvait de devenir le Mahdi des tribus musulmanes du centre de Harrar. Il écrivit à Ménélik revendiquant la frontière de l'Hawach et lui intimant l'ordre de se convertir à l'Islam. Un poste abyssin s'étant avancé jusqu'à quelques jours du Harrar, l'émir envoya pour le disperser quelques canons et quelques Turcs restés à son service ; les Abyssins furent battus, mais Ménélik irrité se mit en marche lui-même, d'Antotto avec une trentaine de mille guerriers. La rencontre eut lieu à Shalanko[1], à soixante kilomètres ouest du Harrar, là où Nadi Pacha avait, quatre années auparavant, battu les tribus Gallas des Méta et des Oborra.

1. Ou Tchalanko.

L'engagement dura à peine un quart d'heure, l'émir n'avait que quelques centaines de Remington, le reste de sa troupe combattant à l'arme blanche. Les trois mille guerriers furent sabrés et écrasés en un clin d'œil par ceux du roi du Choa. Environ deux cents Soudanais, Egyptiens et Turcs, restés auprès d'Abdullaï après l'évacuation égyptienne, périrent avec les guerriers Gallas et Somalis. Et c'est ce qui fit dire à leur retour aux soldats Choanais, qui n'avaient jamais tué de blancs, qu'ils rapportaient les testicules de tous les Français du Harrar !

L'émir put s'enfuir au Harrar, d'où il partit la même nuit pour aller se réfugier chez le chef de la tribu des Guerrys à l'est du Harrar dans la direction de Berbera. Ménélik entra quelques jours ensuite au Harrar sans résistance, et ayant consigné ses troupes hors de la ville, aucun pillage n'eut lieu. Le monarque se borna à frapper une imposition de soixante-quinze mille thalers sur la ville et la contrée, à confisquer, selon le droit de guerre abyssin, les biens meubles et immeubles des vaincus morts dans la bataille, et à aller emporter lui-même des maisons européennes et des autres tous les objets qui lui plurent. Il se fit remettre toutes les armes et munitions en dépôt dans la ville, ci-devant propriété du gouvernement égyptien, et s'en retourna pour le Choa, laissant trois mille de ses fusiliers campés sur une hauteur voisine de la ville et confiant l'administration de la ville à l'oncle de l'émir Abdullaï, Ali-Abou-Béker que les Anglais avaient, lors de l'évacuation, emmené prisonnier à Aden, pour le lâcher ensuite, et que son neveu tenait en esclavage dans sa maison.

Il advint, par la suite, que la gestion d'Ali-Abou-Béker ne fut pas du goût de Mékounène, le général agent de Ménélik, lequel descendit dans la ville avec ses troupes, les logea dans les maisons et les mosquées, emprisonna Ali et l'expédia enchaîné à Ménélik.

Les Abyssins, entrés en ville, la réduisirent en un cloaque horrible, démolirent les habitations, ravagèrent les plantations, tyrannisèrent la population comme les nègres savent procéder entre eux, et Ménélik continuant à envoyer du Choa des troupes de renfort suivies de masses d'esclaves, le nombre des Abyssins actuellement au Harrar peut être de douze mille, dont quatre mille fusiliers armés de fusils de tous genres, du Remington au fusil à silex.

La rentrée des impôts de la contrée Galla environnante ne se fait plus que par razzias, où les villages sont incendiés, les bestiaux volés et la population emportée en esclavage. Tandis que le gouvernement égyptien tirait sans efforts du Harrar quatre-vingt mille livres, la caisse abyssine est constamment vide. Les revenus des Gallas, de la douane, des postes, du marché, et les autres recettes, sont pillés par quiconque se met à les toucher. Les gens de la ville émigrent, les Gallas ne cultivent plus. Les Abyssins ont dévoré en quelques mois la provision de dourah laissée par les Egyptiens et qui pouvait suffire pour plusieurs années. La famine et la peste sont imminentes.

Le mouvement de ce marché, dont la position est très importante, comme débouché des Gallas le plus rapproché de la côte, est devenu nul. Les Abyssins ont interdit le cours des anciennes piastres égyptiennes qui étaient restées dans le pays comme monnaie divisionnaire des thalaris Marie-Thérèse, au privilège exclusif d'une certaine monnaie de cuivre qui n'a aucune valeur. Toutefois, j'ai vu à Antotto quelques piastres d'argent que Ménélik a fait frapper à son effigie et qu'il se propose de mettre en circulation au Harrar, pour trancher la question des monnaies.

Ménélik aimerait à garder le Harrar en sa possession, mais il comprend qu'il est incapable d'administrer le pays, de façon à en tirer un revenu sérieux, et il sait que les Anglais ont vu d'un mauvais œil l'occupation abyssine. On dit en effet que le gouverneur d'Aden, qui a toujours travaillé avec la plus grande activité au développement de l'influence britannique sur la côte Somalie, ferait tout son possible pour décider son gouvernement à faire occuper le Harrar au cas où les Abyssins l'évacueraient, ce qui pourrait se produire par suite d'une famine ou des complications de la guerre du Tigré.

De leur côté, les Abyssins au Harrar croient chaque matin voir apparaître des troupes anglaises au détour des montagnes. Mékounène a écrit aux agents politiques anglais à Zeilah et à Berbera de ne pas envoyer de leurs soldats au Harrar; ces agents faisaient escorter chaque caravane de quelques soldats indigènes.

Le gouvernement anglais, au retour, a frappé d'un droit de cinq pour cent l'importation des thalaris à Zeilah, Bulhar et Berbera. Cette mesure contribuera à faire disparaître le numéraire déjà très rare en Choa et au Harrar, et il est à douter qu'elle favorise l'importation des roupies, qui n'ont jamais pu s'introduire dans ces régions et que les Anglais ont aussi, on ne sait pourquoi, frappées d'un droit d'un pour cent à l'importation par cette côte.

Ménélik a été fort vexé de l'interdiction de l'importation des armes sur les côtes d'Obok et de Zeilah. Comme Joannès [1] rêvait d'avoir son port de mer à Massaouah, Ménélik, quoique relégué fort loin dans l'intérieur, se flatte de posséder prochainement une échelle sur le golfe d'Aden. Il avait écrit au Sultan de Tadjourah,

---

1. Le négus Jean d'Abyssinie, suzerain de Ménélik, roi du Choa, mourut en 1889.

malheureusement après l'avènement du protectorat français, en lui proposant de lui acheter son territoire. A son entrée au Harrar, il s'est déclaré souverain de toutes les tribus jusqu'à la côte, et a donné commission à son général, Mékounène, de ne pas manquer l'occasion de s'emparer de Zeilah; seulement les Européens lui ayant parlé d'artillerie et de navires de guerre, ses vues sur Zeilah se sont modifiées, et il a écrit dernièrement au gouvernement français pour lui demander la cession d'Ambado.

On sait que la côte, du fond du golfe de Tadjourah jusqu'au-delà de Berbera, a été partagée entre la France et l'Angleterre de la façon suivante : la France garde tout le littoral de Goubbet-Kérab à Djibouti, un cap à une douzaine de milles au nord-ouest de Zeilah, et une bande de territoire de je ne sais combien de km. de profondeur à l'intérieur, dont la limite du côté du territoire anglais est formée par une ligne tirée de Djibouti à Ensa, troisième station sur la route de Zeilah au Harrar. Nous avons donc un débouché sur la route du Harrar et de l'Abyssinie. L'Ambado, dont Ménélik ambitionne la possession, est une anse près de Djibouti, où le gouverneur d'Obok avait depuis longtemps fait planter une planche tricolore que l'agent anglais de Zeilah faisait obstinément déplanter, jusqu'à ce que les négociations fussent terminées. Ambado est sans eau, mais Djibouti a de bonnes sources et des trois étapes rejoignant notre route à Ensa, deux ont de l'eau.

En somme, la formation des caravanes peut s'effectuer à Djibouti, dès qu'il y aura quelque établissement pourvu des marchandises indigènes et quelque troupe armée. L'endroit jusqu'à présent est complètement désert. Il va sans dire qu'il doit être laissé port franc si l'on veut faire concurrence à Zeilah.

Zeilah, Berbera et Bulhar restent aux Anglais ainsi que la baie de Samawanak, sur la côte Gadiboursi, entre Zeilah et Bulhar, point où le dernier agent consulaire français à Zeilah, M. Henry, avait fait planter le drapeau tricolore, la tribu Gadiboursi ayant elle-même demandé notre protection, dont elle jouit toujours. Toutes ces histoires d'annexions ou de protections avaient fort excité les esprits sur cette côte pendant ces deux dernières années.

Le successeur de l'agent français fut M. Labosse, consul de France à Suez, envoyé par intérim à Zeilah où il apaisa tous les différends. On compte à présent environ cinq mille Somalis protégés français à Zeilah.

L'avantage de la route du Harrar pour l'Abyssinie est très considérable. Tandis qu'on n'arrive au Choa par la route Dankalie qu'après un voyage de cinquante à soixante jours par un affreux désert, et au milieu de mille dangers, le Harrar, contrefort très avancé du massif éthiopien méridional, n'est séparé de la côte que par une distance franchie aisément en une quinzaine de jours par les caravanes.

La route est fort bonne, la tribu Issa, habituée à faire les transports, est fort conciliante, et on n'est pas chez elle en danger des tribus voisines.

Du Harrar à Antotto, résidence actuelle de Ménélik, il y a une vingtaine de jours de marche sur le plateau des Itous Gallas, à une altitude moyenne de 2 500 mètres, vivres, moyens de transport et de sécurité assurés. Cela met en tout un mois entre notre côte et le centre du Choa, mais la distance au Harrar n'est que de douze jours et ce dernier point, en dépit des invasions, est certainement destiné à devenir le débouché commercial exclusif du Choa lui-même et de tous les Gallas. Ménélik lui-même fut tellement frappé de l'avantage de la situation du Harrar qu'à son retour, se remémorant les idées des chemins de fer que des Européens ont souvent cherché à lui faire adopter, il cherchait quelqu'un à qui donner la commission ou concession des voies ferrées du Harrar à la mer ; il se ravisa ensuite, se rappelant la présence des Anglais à la côte ! Il va sans dire que, dans le cas où cela se ferait (et cela se fera d'ailleurs dans un avenir plus ou moins rapproché), le gouvernement du Choa ne contribuerait en rien aux frais d'exécution.

Ménélik manque complètement de fonds, restant toujours dans la plus complète ignorance (ou insouciance) de l'exploitation des ressources des régions qu'il a soumises et continue à soumettre. Il ne songe qu'à ramasser des fusils lui permettant d'envoyer ses troupes réquisitionner les Gallas. Les quelques négociants européens montés au Choa ont apporté à Ménélik, en tout, dix mille fusils à cartouches et quinze mille fusils à capsules dans l'espace de cinq ou six années. Cela suffit aux Amhara[1] pour soumettre tous les Gallas environnants, et le Dedjatch Mékounène, au Harrar, se propose de descendre à la conquête des Gallas jusqu'à leur limite sud, vers la côte de Zanzibar. Il a pour cela l'ordre de Ménélik même, à qui on a fait croire qu'il pourrait s'ouvrir une route dans cette direction pour l'importation des armes. Et ils peuvent au moins s'étendre très loin de ces côtés, les tribus Gallas n'étant pas armées.

Ce qui pousse surtout Ménélik à une invasion vers le sud, c'est le voisinage gênant et la suzeraineté vexante de Joannès. Ménélik a déjà quitté Ankober pour Antotto. On dit qu'il veut descendre au Djimma-Abba-Djifar, le plus florissant des pays Gallas, pour y établir sa résidence, et il parlait ainsi d'aller se fixer au Harrar. Ménélik rêve une extension continue de ses domaines au Sud, au-delà de l'Hawach, et pense peut-être

---

1. Abyssins habitant au nord du Choa et parlant la langue amhara.

émigrer lui-même des pays Amhara au milieu des pays Gallas neufs, avec ses fusils, ses guerriers, ses richesses, pour établir loin de l'empereur un empire méridional comme l'ancien royaume d'Ali-Ababa *(sic)*.

On se demande quelle est et quelle sera l'attitude de Ménélik pendant la guerre italo-abyssine. Il est clair que son attitude sera déterminée par la volonté de Joannès, qui est son voisin immédiat, et non par les menées diplomatiques de gouvernements qui sont à une distance de lui infranchissable, menées qu'il ne comprend d'ailleurs pas et dont il se méfie toujours. Ménélik est dans l'impossibilité de désobéir à Joannès, et celui-ci, très bien informé des intrigues diplomatiques où l'on mêle Ménélik, saura bien s'en garer dans tous les cas. Il lui a déjà ordonné de lui choisir ses meilleurs soldats et Ménélik a dû les envoyer au camp de l'empereur à l'Asmara[1]. Dans le cas même d'un désastre, ce serait sur Ménélik que Joannès opèrerait sa retraite. Le Choa, le seul pays Amhara possédé par Ménélik, ne vaut pas la quinzième partie du Tigré. Ses autres domaines sont tous pays Gallas précairement soumis et il aurait grand'peine à éviter une rebellion générale dans le cas où il se compromettrait dans une direction ou dans une autre. Il ne faut pas oublier non plus que le sentiment

1. S.-O. de Massaouah, au nord de l'Abyssinie, dans le Tigré.

patriotique existe au Choa et chez Ménélik, tout ambitieux qu'il soit, et il est impossible qu'il voie un honneur ni un avantage à écouter les conseils des étrangers.

Il se conduira donc de manière à ne pas compromettre sa situation déjà très embarrassée, et, comme chez ces peuples on ne comprend et on n'accepte rien que ce qui est visible et palpable, il n'agira personnellement que comme le plus voisin le fera agir, et personne n'est son voisin que Joannès, qui saura lui éviter les tentations. Cela ne veut pas dire qu'il n'écoute avec complaisance les diplomates ; il empochera ce qu'il pourra gagner d'eux, et, au moment donné, Joannès, averti, partagera avec Ménélik.
— Et encore une fois le sentiment patriotique général et l'opinion du peuple de Ménélik sont bien pour quelque chose dans la question. Or, on ne veut pas des étrangers, ni de leur ingérence, ni de leur influence, ni de leur présence, sous aucun prétexte, pas plus au Choa qu'au Tigré, ni chez les Gallas.

Ayant promptement réglé mes comptes avec Ménélik, je lui demandai un bon de paiement au Harrar, désireux que j'étais de faire la route nouvelle ouverte par le roi à travers les Itous, route jusqu'alors inexplorée, et où j'avais vainement tenté de m'avancer du temps de l'occupation égyptienne du Harrar. A cette occasion, M. Jules Borelli demanda au roi la permission de

121

faire un voyage dans cette direction, et j'eus ainsi l'honneur de voyager en compagnie de notre aimable et fin compatriote, de qui je fis parvenir ensuite à Aden les travaux géodésiques, entièrement inédits, sur cette question.

Cette route compte sept étapes au-delà de l'Hawach et douze de l'Hawach au Harrar sur le plateau Itou, région de magnifiques pâturages et de splendides forêts à une altitude moyenne de 2 500 mètres, jouissant d'un climat délicieux. Les cultures y sont peu étendues, la population y étant assez claire, ou peut-être s'étant écartée de la route par crainte des déprédations des troupes du roi. Il y a cependant des plantations de café, les Itous fournissent la plus grande partie des quelques milliers de tonnes de café qui se vendent annuellement au Harrar. Ces contrées, très salubres et très fertiles, sont les seules de l'Afrique orientale adaptées à la colonisation européenne.

Quant aux affaires au Choa à présent, il n'y a rien à y importer, depuis l'interdiction du commerce des armes sur la côte[1]. Mais qui monterait avec une centaine de mille thalaris pourrait les employer dans l'année en achats d'ivoire et autres marchandises, les exportateurs ayant manqué ces dernières années et le numé-

---

1. Cette interdiction avait été de nouveau prononcée après le retour de Rimbaud. Cf. *Mercure de France*, 15 février 1914.

raire devenant excessivement rare. C'est une occasion. La nouvelle route est excellente, et l'état politique du Choa ne sera pas troublé pendant la guerre, Ménélik tenant, avant tout, à maintenir l'ordre en sa demeure.

Agréez, Monsieur, mes civilités empressées.

RIMBAUD.

Tel est le compte rendu du voyage en Ethiopie. C'est le document le plus important et le plus détaillé que nous tenions, de la main même de Rimbaud, sur son existence africaine. Dans le livre que j'ai consacré à sa vie errante, j'avais reconstitué cette expédition grâce à sa correspondance et au journal de Borelli.

Il a, en outre, une valeur psychologique sur laquelle je n'ai pas besoin d'insister. Il suffit d'y jeter un coup d'œil pour s'apercevoir que le poète est mort, que seul subsiste l'explorateur, le marchand. L'aventurier du réel a succédé à l'aventurier de l'idéal. C'est d'ailleurs le même homme au fond, le même caractère insatiable et mobile, avec son instabilité perpétuelle, son besoin de changement et de renouvellement, son dévorant, son passionné désir de possession : seul l'objet de sa conquête a changé. La solution de continuité, dans cette vie trépidante, est plus apparente que réelle. Il avait prévu lui-même sa prodigieuse métamorphose, sa destinée de pionnier et de chercheur d'or. Comment ne pas se rappeler les prophétiques paroles de sa *Saison en enfer* ?

Ma journée est faite, je quitte l'Europe. L'air marin brûlera mes poumons, les climats perdus me tanneront... Je reviendrai avec des membres de fer, la peau sombre, l'œil furieux ; sur mon masque on me jugera d'une race forte. J'aurai de l'or... Je serai mêlé aux affaires politiques. Sauvé.

Sauvé, non. Vaincu. Mais un héros sans aucun doute, lancé tête baissée dans les déserts de l'Afrique comme naguère dans les solitudes des idées, avide d'inconnu, épris d'inconnaissable, le type le plus audacieux peut-être de l'explorateur.

JEAN-MARIE CARRÉ

.

L'IMAGINAIRE
GALLIMARD

Volumes parus

Composition Bussière
et impression S.E.P.C.
à Saint-Amand (Cher), le 10 août 1990.
Dépôt légal : août 1990.
Numéro d'imprimeur : 1348-1058.
ISBN 2-07-072009-8./Imprimé en France.

50049